Ecoturismo: influências na
Educação Física

© Eduardo Augusto Carreiro, 2012

Carreiro, Eduardo Augusto
    Ecoturismo: influências na educação física / Eduardo Augusto Carreiro – São Paulo: SESI-SP editora, 2012. (Prata da casa. Programa Publique-se SESI)
114 p.

ISBN 978-85-65025-94-2

1 .Educação física 2. Esporte de aventura 3. Ecoturismo I. Título

CDD – 910.09577

Índices para catálogo sistemático:
1. Educação física
2. Esporte de aventura
3. Ecoturismo
Bibliotecárias responsáveis: Elisângela Soares CRB 8/6565
                            Josilma Gonçalves Amato CRB 8/8122

SESI -SP Editora
Avenida Paulista, 1313, 4º andar, 01311 923, São Paulo - SP
F. 11 3146.7308 editora@sesisenaisp.org.br

Eduardo Augusto Carreiro
Ecoturismo: influências na
Educação Física

SESI-SP editora

SESI-SP editora

Conselho editorial
Paulo Skaf (Presidente)
Walter Vicioni Gonçalves
Débora Cypriano Botelho
Neusa Mariani

 Prata da Casa

Editor
Rodrigo de Faria e Silva

Editora assistente
Juliana Farias

Capa e projeto gráfico
Paula Loreto

Apoio
Carol Ermel
Valquíria Palma

Diagramação
Rafael Teixeira

Revisão
Entrelinhas Editorial
Fernando Cardoso

Projeto desenvolvido em parceria com a Divisão de Educação do SESI-SP, sob a diretoria de Fernando Antonio Carvalho de Souza.

Agradecimentos

É muito importante agradecermos às pessoas que, de alguma forma, durante a passagem do tempo até este momento, contribuíram para que mais um sonho fosse concretizado.

Inicio agradecendo minha família, que sempre esteve ao meu lado, transmitindo muito carinho, atenção, amor e amizade. Meus pais Ermelinda e Urbano, pela dedicação e amor desde as fraldas; meus irmãos José Carlos, Lúcia, Suzete e Fátima (em memória) e "agregados" Ronaldo, Mauro e Jussara, por todos os momentos que passamos e passaremos juntos. A meus sobrinhos Lays, Fernando, André, Juliana e José Miguel, pelas boas risadas de sempre. A minha família do "lado de lá", Gabriela, José Miguel (em memória), Tatiana, Miguel e Adriana, pela grande acolhida de sempre e à Nika, Tommy e Luke, pelo incentivo constante à prática de atividade física.

Agradeço muito à família Caritá, de Rio Claro, que desde a graduação, deixou-me muito à vontade com o imenso coração e carinho de sempre. Agradeço a amizade de Renato Almeida e Luiz Sanches, devido aos momentos de descontração ou colaboração acadêmica.

Aos amigos mais antigos e aos mais recentes, que um dia se tornarão também antigos, do Sesi Vila da Mercês e Osasco, dentre eles: Luís, Renato, Paulo, Marquinhos, Renata e Maurício, por conta das festas e pela admiração que tenho por todos eles.

À minha orientadora professora doutora Carmen Maria Aguiar, pela paciência e dedicação nesse percurso. À professora Dra. Leila Bastos M. Albuquerque, por sua fundamental influência em minha formação; e ao professor doutor Wenceslao Machado de Oliveira Junior, pelo aceite e grande colaboração na banca examinadora, demonstrando raro talento. Ao grupo de estudos LETPEF, pela grandes conversas e aprendizado mútuo.

Muito obrigado a todos.

Apresentação

O objetivo principal deste estudo é identificar as atividades físicas associadas ao ecoturismo no município de Itapetininga, localizado no interior do estado de São Paulo, para analisar determinados aspectos da interferência dessas atividades no meio ambiente; a maneira que ocorre sua organização; a interface com o poder público e o papel da Organização Não Governamental (ONG) como mediadora dessas questões. Procurar-se-á analisar o impacto, na cultura local, das atividades conhecidas como esportes de aventura e suas conexões com as práticas do ecoturismo. Procurar-se-á, também, analisar se a prática dessas atividades implica em algum envolvimento ou preocupação com a comunidade local.

Os procedimentos desta pesquisa foram desenvolvidos com um enfoque qualitativo, estruturado por meio de entrevistas direcionadas ao poder público, a uma ONG e a uma empresa organizadora de eventos de ecoturismo.

Destacam-se, neste trabalho, a análise e o recorte histórico das atividades de lazer desenvolvidas na cidade de Itapetininga, principalmente durante os séculos XIX e XX, desde as atividades livres e intermitentes até as atividades institucionalizadas. Considerações sobre a comunidade; a natureza e a cultura; o lazer e o turismo também fazem parte das análises.

No âmbito da Educação Física, foi analisada a aproximação do trabalho desenvolvido pelos profissionais da área, com os pressupostos teóricos descritos acima. Dessa forma, poderiam ser alavancados mais estudos sobre as novas modalidades esportivas, como as do esporte de aventura. Observa-se que essas práticas, muitas vezes, se desenvolvem sem critérios adequados, e ficam dispersas entre as fases de planejamento, execução e avaliação.

Entendemos que a Educação Física pode desempenhar um papel fundamental como mediadora dessa discussão. Os profissionais da área deveriam ter a capacidade de se concentrar em qualquer uma das três esferas estudadas. Ou seja, os profissionais de Educação Física poderiam participar tanto da execução e da organização dos eventos quanto do seu controle e do fomento de políticas públicas para o desenvolvimento dessas atividades.

Palavras-chave: Educação Física; esporte de aventura; ecoturismo.

A presente pesquisa foi apresentada em 2003 ao Instituto de Biociências do Campus de Rio Claro da Universidade Estadual Paulista, como requisito parcial para a obtenção do título de Mestre em Ciências da Motricidade – Área de Pedagogia da Motricidade Humana. Linha de Pesquisa: Corpo, Modernidade e Pós-Modernidade.

Sumário

Introdução **11**
1. Informações históricas e procedimentos da pesquisa **17**
1.1 Localização do município 19
1.2 Informações históricas 20
1.3 Procedimentos da pesquisa 26
2. Turismo e vida cotidiana **31**
2.1 Considerações da natureza e da cultura 44
3. Lazer e turismo **50**
4. Educação física: da ginástica e dos esportes às atividades de aventura **66**
4.1 Educação Física e áreas correlatas 78
5. A inter-relação entre poder público, ONG e empresa privada **84**
6. Considerações finais **95**
7. Referências bibliográficas 103
Bibliografias consultadas 112

Introdução

Na segunda metade do século XX, os profissionais atuantes da área de Educação Física promoveram discussões significativas com o intuito de atribuir à área um novo *status*. Buscava-se o reconhecimento da Educação Física enquanto área científica e/ou profissional.

Depois de receber reconhecimento na área da saúde, como promotora e difusora de bem-estar, a Educação Física passou também a se preocupar com as relações sociais, formais ou informais, que tangenciam a sua área de atuação. Em uma diversificação de suas atividades principais - como o culto higienista ao corpo, manifesto em práticas como a ginástica e o esporte, a Educação Física passou a explorar áreas conexas como o lazer, o esporte e a educação; e a estudar, também, outros aspectos relevantes às atividades físicas e o significado do corpo, amparados por outras áreas do conhecimento, como a Sociologia, a Psicologia, a Antropologia e a Filosofia.

A Educação Física começou a delimitar seu espaço (principalmente científico) em uma época em que a prática científica passava a ser questionada como "verdade única", posicionando-se "fora" dos acontecimentos sociais, ou seja, "independente da sociedade" (MERTON, 1979). Sendo assim, "*é evidente que a ciência não é imune aos ataques, à* restrição e à repressão" (MERTON, 1979 p. 37). No Brasil, a Educação Física vem se constituindo em campo de conhecimento desde a década de 1970, época que retratou uma "política agressiva de desenvolvimento científico que procurou introduzir, dentro da universidade, todos os campos possíveis de conhecimento" (ALBUQUERQUE, 1998 p. 71).

Segundo Albuquerque (1998, p.76), "o esforço de constituição de um corpo de conhecimento científico na Educação Física/Motricidade Humana retrata, como uma imagem reflexa, as energias que alimentaram a ciência nesses 400 anos", e são evidenciados certos "impasses" ou "dilemas", representados pelos aspectos de multidisciplinaridade; ciência pura - ciência aplicada; identidade biológica ou humana; construção de uma teoria para melhorar a prática e ciências do esporte/motricidade humana, referendadas por um novo processo de integração entre diversas áreas.

Ravetz (1979) citado por Albuquerque (1998, p. 75):

> delineia o curso futuro da ciência e identifica a emergência da ciência crítica, existente à margem da sociedade industrializada. Suas pesquisas são voltadas para a denúncia dos danos à biosfera, o que gera contra ela hostilidade e incompreensão das instituições de poder da sociedade.

Essa nova concepção e crítica da ciência permeia o debate sobre os paradigmas da Educação Física, abordando, entre outras questões, as relações existentes entre a atividade física e sua prática na natureza, tentando, de forma particular, estabelecer uma nova ordem que reaproxime o homem e para com a natureza.

Diversas são as classificações para as práticas de atividade física realizadas em meio à natureza, que emergiram com o significado de novos esportes, definidos como: esportes de aventura; esportes tecnoecológicos; esportes de liberdade; esportes californianos; esportes selvagens; atividades deslizantes de aventura e sensação na natureza; e atividades físicas de aventura na natureza, esta última mais geral e desprendida de preconceitos (BETRÁN, 1995).

Essas novas atividades físicas na natureza constituem um conjunto de práticas recreativas que surge nos países desenvolvidos na década de 1970 (século XX), se desenvolve e se multiplica nos anos 1980, e se consolida na década de 1990 com o advento de novos hábitos e gostos da sociedade pós-industrial (BETRÁN, 1995). No Brasil, a década de 1980 foi precursora das atividades físicas realizadas na natureza, alternando práticas mais esportivas e gerais.

Diante dessas novas possibilidades, os adeptos das práticas de atividade física na natureza buscam outros significados corporais, diferentes daqueles encontrados nos esportes ou em outras atividades tradicionais. O coletivo, muitas vezes, é substituído pelo individual, preconiza-se uma atividade física que possa ser praticada por diversos indivíduos, de diferentes faixas etárias, cada qual com seu objetivo, seja pela busca da competição ou pelo fato de reconhecer a atividade como um diferencial das atividades praticadas com frequência, ou até mesmo de um distanciamento, mesmo que momentâneo, da criticada vida urbana. Palavras como *aventura*, *risco*, *desafio* e *aproximação da natureza* são comuns entre os praticantes e os organizadores das atividades físicas na natureza, perfazendo uma nova ordem de relacionamento entre o homem e a natureza, caracterizada pela pseudoideia de conservação/preservação que, muitas vezes, não são preocupações imediatas, nem prioritárias na vida cotidiana das pessoas envolvidas.

Indiretamente, a atividade realizada na natureza, ligada constantemente ao turismo, passa a ser área de interesse da Educação Física, por conta das características especiais apresentadas principalmente pelo ecoturismo. Esse interesse inclui não apenas os esportes de aventura - termo carregado de significados -, mas também as atividades físicas em geral, praticadas na natureza.

O objetivo principal deste estudo é identificar as atividades físicas associadas ao ecoturismo no município de Itapetininga, localizado no interior do estado de São Paulo. Com essa finalidade, devemos analisar determinados aspectos da interferência dessas atividades na natureza; como ocorre sua organização; a interface com o poder público e o papel da ONG como mediadora dessas questões. Procuramos, também, analisar, na cultura local, o impacto das atividades conhecidas como esportes de aventura; suas conexões com as práticas do ecoturismo; Procurar-se-á, também, analisar se a prática dessas atividades implica em algum envolvimento ou preocupação com a comunidade local.

Este trabalho está dividido em seis capítulos referentes ao tema e à pesquisa. No primeiro capítulo, abordaremos a história do município de Itapetininga e os procedimentos da pesquisa, levando em consideração a localização da cidade dentro do estado de São Paulo e usando como referência a obra de Oracy Nogueira – principal estudo sociológico do município de Itapetininga. Este estudo levanta, além de dados históricos, fatores de desenvolvimento da vida social dos habitantes da cidade.

Ainda no primeiro capítulo, destacaremos os procedimentos da pesquisa, com um enfoque qualitativo, tendo como ferramenta principal a aplicação de entrevistas em três segmentos de interesse: o poder público do município, uma empresa organizadora de eventos de ecoturismo e uma (ONG).

No segundo capítulo, foram abordados os temas sobre o turismo e a vida cotidiana, resgatando conceitos sobre comunidade e sociedade, recorrendo à área sociológica e a fontes primárias do conhecimento. Outro aspecto de grande relevância foram as considerações e levantamento das principais definições sobre natureza e cultura. Tivemos a preocupação de analisar de qual "natureza" estamos falando. Tais conceitos foram relevantes para a pesquisa, pois possibilitaram uma leitura dos pressupostos básicos, afastando a possibilidade e interferência de bibliografias secundárias. No Capítulo 3, faz-se um recorte sobre lazer e turismo, sua interface, a determinação e a influência temporal e histórica sobre tais fenômenos. Algumas das classificações do lazer são levantadas e estudos sobre o turismo são abordados para observarmos as relações existentes entre a organização das atividades e a influência nas comunidades.

No quarto capítulo, o destaque é a Educação Física. Inicialmente, com um breve histórico, situamos alguns grandes momentos de transformação da Educação Física e suas implicações na atualidade. O turismo também é referendado como área de influência para o trabalho, considerando suas implicações no comportamento das pessoas e os interesses que a área tem no desenvolvimento das atividades dirigidas na "natureza". A educação, enquanto área correlata, também merece destaque. O assunto surgiu inúmeras vezes no discurso dos entrevistados, mesmo não sendo o escopo principal do trabalho.

A inter-relação entre o poder público, a ONG e a empresa privada foi abordada no quinto capítulo, após a análise das entrevistas e a composição e comparação das propostas que cada segmento apresentou. Em parte do capítulo, optou-se pela descrição literal das frases transcritas para tratarmos o discurso de forma mais fidedigna. Além da análise dos discursos das três instituições estudadas, algumas considerações sobre a comunidade, verificadas em visitas específicas no município, foram contempladas no decorrer do capítulo.

No sexto e último capítulo, são relatadas as considerações finais e as propostas de direcionamento da pesquisa para o município de Itapetininga e para outros estudos. Também se procurou definir as responsabilidades da Educação Física no contexto estudado.

1. Informações históricas e procedimentos da pesquisa

Este trabalho foi realizado no município de Itapetininga, localizado no interior do estado de São Paulo, a 160 quilômetros da capital, pertencendo à região administrativa de Sorocaba. Com uma área de 1.792 quilômetros quadrados, o município possui 125.559 habitantes (Censo IBGE, 2000). Desse total, 89,3% moram na zona urbana e 10,7% na zona rural. A população rural de Itapetininga é maior que a da média do estado de São Paulo, em que 93,4% da população faz parte da população urbana e 6,6%, da rural.

Apesar da superioridade numérica da população rural em relação à média paulista, o município não possui, nessa área, muitos núcleos de economia familiar de subsistência. A grande maioria desse espaço é ocupada por latifúndios produtivos, onde se cultiva batata, arroz, cana, entre outros.

Itapetininga tem a terceira maior extensão territorial do estado de São Paulo. Existe na região uma preocupação ambientalista que começa com a preservação da mata natural. Em decorrência de sua extensão e relevo, o município detém potencial para atividades turísticas, em especial as ecoturísticas (Figura 1).

Como Itapetininga não tem "vocação" industrial, o turismo pode representar uma opção de crescimento e desenvolvimento de algumas de suas áreas. Além disso, existem municípios vizinhos que já desenvolvem atividades relacionadas ao ecoturismo.

Figura 1 – Parque Municipal São Francisco de Assis – uma das possibilidades de desenvolvimento de atividades físicas ligadas ao ecoturismo.

1.1 Localização do município

Itapetininga

1.2 Informações históricas

Oracy Nogueira é o principal autor de estudos sociológicos sobre Itapetininga. Sua obra descreve desde a situação geográfica e histórica do município de Itapetininga (Figura 2), passando pelo desenvolvimento da cidade, até sua organização social, estratificação, organização da família e das instituições presentes. A obra de Nogueira é a principal referência para o acompanhamento deste trabalho.

Figura 2 – Vista parcial da cidade em 1952. Foto extraída do livro de Oracy Nogueira: *Comunidade e Sociedade: Um Estudo Sociológico de Itapetininga*, CBPE, 1962. Sessão de Fotos.

A passagem de desbravadores brancos pelo território onde se desenvolveria a cidade de Itapetininga deu-se desde o século XVI, com exploradores à procura de riquezas minerais e em expedições de captura de índios (muitas vezes já cristianizados). Porém, o povoamento da região somente se inicia no final do século XVII e início do século XVIII, com a mineração do ouro e principalmente com o comércio de animais entre o Sul do país com São Paulo e Sorocaba (NOGUEIRA, 1962):

> De Sorocaba para o Sul, seguindo o percurso das tropas, por todo o século XVIII, multiplicar-se-ão os ranchos, arraiais e vilas, com intervalos consecutivos de uma regularidade quase geométrica. Assim, Itapetininga começará a desenvolver-se como bairro da Vila de Sorocaba, sendo o seu povoamento estimulado pelo incremento do comércio de animais e pelo refluxo de mineradores de Paranapanema e Apiaí. (p. 46)

O desenvolvimento da cidade, segundo Nogueira (1962), deu-se em três estágios:

a) Estágio de diversificação ocupacional do comércio – do século XVIII até, aproximadamente, 1870. Nesse primeiro estágio, que durou quase dois séculos, alguns períodos foram bastante marcantes. No primeiro período – o de penetração da região com o intuito de fiscalizar o comércio de animais e a "passagem" do ouro. Quase não existia população, e o bairro de "Tapitininga", da vila de Sorocaba, começava a se desenvolver. No segundo período, que vai aproximadamente até 1825, as mesmas atividades econômicas predominaram, e foi fundada a Vila de Itapetininga. Nesse período, já se evidenciam os "altos e baixos" da região, com o estado de decadência da Vila nos primeiros 50 anos de sua existência e a não relação entre a zona rural e urbana. Em 1820, a Vila recebe a visita de Saint-Hilaire, historiador que configura fonte importante de inúmeras obras sobre o desenvolvimento das cidades do interior de São Paulo. Somente a partir de 1825, a Vila de Itapetininga começa a ter uma população permanente; surgem, então, diversas camadas sociais.

b) Estágio de Diversificação Institucional – 1870 a 1900 – Nogueira (1962) descreve o período da seguinte maneira:

> Ao processo de diversificação e enriquecimento institucional da cidade, representado pela multiplicação tanto das instituições propriamente ditas, como das associações voluntárias, corresponde o surgimento de um *éthos* distintamente urbano, que se manifesta através da idealização dos centros maiores pela população, de sua preocupação com o conceito que dela possa fazer, nesses centros, da atenção à moda e, em geral, às atividades mundanas, e da valorização do moderno em contraste com o crescente desapreço pelo tradicional, no que toca ao vestuário, à ornamentação pessoal, à habitação e outros aspectos do padrão de vida. (p. 187).

É importante atentarmos para esse período porque nele fica evidente a passagem dos costumes da comunidade para o *status* de sociedade: "[...] da valorização do moderno em contraste com o crescente desapreço pelo tradicional [...]". Esse tema é importante pela própria característica conceitual, e será analisado com maior diversidade nos capítulos seguintes.

c) O último estágio, que vai do início do século XX até o ano de 2003, é o da diversificação material. Nesse período, a cidade teve seu maior crescimento material e demográfico. De 1950 ao ano 2000, sua população praticamente triplica. O crescimento e desenvolvimento acelerado, na primeira metade do século XX, deixam marcas importantes na história da cidade, com a implantação de institutos educacionais de ponta e redes de energia elétrica e abastecimento, entre outras melhorias. Na segunda metade do século XX, porém, evidencia-se a queda no desenvolvimento, com o empobrecimento da região e classificação muito baixa no Índice de Desenvolvimento Humano (IDH)[1].

Como parte principal do escopo deste estudo, Nogueira (1962) também descreve as instituições, associações e atividades recreativas de Itapetininga. O autor divide essa seção em três partes. A primeira diz respeito ao período em que predomina a recreação intermitente; a segunda mostra um período de transição; e a terceira é sobre o período da recreação institucionalizada.

Na primeira parte – em relação à recreação intermitente – são descritas as atividades recreativas representadas, principalmente, nas festas comunitárias, com destaque para as comemorações ligadas a momentos religiosos (Figura 3). A marca característica desse período, que vai até meados do século XIX, era de que o intervalo entre uma festa e outra representava uma "pausa na vida recreativa da população". Eram festas geralmente realizadas em ambientes abertos (ao ar livre), com algumas intervenções recreativas em am-

---

[1] O Índice de Desenvolvimento Humano (IDH) para os municípios tem uma avaliação mais adequada para valorar as condições de núcleos sociais menores, e é chamado de Índice de Desenvolvimento Humano Municipal (IDH-M). O município de Itapetininga é classificado, no estado de São Paulo, na posição 275 (em um total de 675 municípios).

bientes domésticos. Destacavam-se, entre elas, a festa do Rosário e a festa do Divino.

Figura 3 Procissão do bom Jesus, em 1948. Foto extraída do livro de Oracy Nogueira: *Comunidade e sociedade: Um estudo sociológico de Itapetininga*, CBPE, 1962. Sessão de Fotos.

O segundo período, que abrange a segunda metade do século XIX até aproximadamente 1925, é de transição. Nesse momento, as festas comunitárias locais atingem o maior grau de organização e inicia-se a institucionalização da vida recreativa regional. Muitos clubes são fundados (por exemplo, o "Venâncio Aires", em 1888, ou o "13 de Maio", em 1911), e surgem os primeiros cinemas

(1912). Dessa forma, nesse período, ocorre a transição entre as festas populares e a organização da vida recreativa privada, por intermédio de clubes sociais e associações.

No terceiro período (compreendido a partir de 1925), a vida recreativa local vai sendo "comandada cada vez mais por instituições e associações específicas, cuja atuação se estende por todo o ano, independentemente de temporada" (NOGUEIRA, 1962, p. 337). Esse período é caracterizado, principalmente, pela organização institucionalizada, por meio do desenvolvimento dos clubes sociais e associações formadas "como verdadeiras cooperativas de interessados em atividades lúdicas" (Ibid.). As principais atividades recreativas do período (até aproximadamente 1960) são relacionadas aos cinemas, danças de salão, jogos de azar e jogos competitivos, sendo que esses clubes ou associações podiam visar ou não à exploração comercial.

De 1960 até o ano de 2003, evidenciou-se ainda mais a institucionalização da vida recreativa da cidade. Eram os clubes, as associações e as atividades recreativas vinculadas aos meios de comunicação, e com uma variedade bastante grande de atividades que iam desde o mero desfrute (jogos esportivos, atividades turísticas, cinemas, entre outros) até as atividades práticas formais e informais – algumas culturalmente determinadas, como a grande expansão do esporte no século XX. Também surgiam, em uma época posterior, as "atividades de aventura", contempladas em parques, matas e rios, com objetivo turístico.

1.3 Procedimentos da pesquisa

O município de Itapetininga foi escolhido como objeto de estudo em consequência da proximidade do pesquisador com a cidade, onde leciona no curso de Educação Física das Faculdades Integradas de Itapetininga. Dessa forma, seguimos uma indicação de Saviani (1991), segundo a qual a pesquisa acadêmica deve ser realizada a partir do aproveitamento dos dados levantados em meio à comunidade local, que investe (mesmo que indiretamente) na manutenção do ensino público e/ou privado.

A atividade física sempre esteve presente no cotidiano do homem, seja formal e sistematizada, como ocorre na escola e no esporte, ou de modo informal e assistemático, como na rua ou na brincadeira, considerando formatos mais recentes sobre a prática de Atividade Física. Muitos são os caminhos e interesses que levam à prática de atividades físicas. Na pós-modernidade, por exemplo, as relações com a natureza passaram a ser cultuadas, muitas vezes, por modismo ou mesmo como um novo atrativo na área de Educação Física, tão desgastada pela temática esportivista competitiva.

Assim, como mais uma opção de Atividade Física, surgem aquelas vinculadas à natureza e ao ecoturismo: o *boia-cross*, *canyoning*, *kayaking*, cicloturismo, escalada/*climbing*/alpinismo, *hiking*, mergulho, montanhismo, *mountain biking*, *rafting* e o *trekking*[2].

---

[2] Modalidades e/ou atividades do ecoturismo (SECRETARIA DO MEIO AMBIENTE/SP).

Essas atividades podem integrar-se a algumas das necessidades da Educação Física, cuja prática vem sendo abandonada, principalmente em âmbito formal. Do ensino fundamental ao superior, o desinteresse de alunos e professores gera, no início do século XXI, um vácuo entre as necessidades dos alunos e os objetivos dos docentes. Nessa época, as atividades ligadas ao ecoturismo ou aos esportes "radicais", muitas vezes são consideradas alternativas para a execução de atividades físicas, devido às inúmeras implicações decorrentes de sua prática. Uma delas refere-se ao ambiente em que se realiza a atividade/ambiente, que deveria ser conservado e utilizado racionalmente. No entanto, muitas experiências de atividades "radicais" acabam sendo prejudiciais ao meio ambiente.

- *Boia-cross*: descida de rios com o auxílio de boias especiais.
- *Canyoning*: descida de penhascos e/ou cachoeiras, com o auxílio de equipamento especial (rapel).
- *Kayaking*: navegação em rios, lagos ou oceanos com a utilização de canoas, remo ou caiaques.
- *Cicloturismo*: viagens e/ou passeios de bicicleta, realizados por estradas asfaltadas e/ou sem pavimentação.
- **Escalada/***climbing***/alpinismo**: escalada em rochas ou gelo, atividade desprovida de sentido de competição.
- *Hiking*: caminhada de curta duração, que usualmente não ultrapassa um dia.
- **Mergulho**: mergulho em ambiente aquático, com ou sem equipamento de respiração artificial, atividade desprovida de sentido de competição.

- **Montanhismo**: caminhadas ou escaladas em ambientes de montanha.
- **Mountain Biking**: recorrer trilhas e/ou estradas sem pavimentação, com bicicletas especiais para terrenos acidentados; atividade desprovida de sentido de competição.
- **Rafting**: descidas de rios encachoeirados, feitas em botes infláveis.
- **Trekking**: caminhada, com duração de mais de um dia, incluindo pernoites em meio natural, na qual os participantes transportam seu equipamento.

Um município que sofreu com inúmeros projetos não acabados e com a ilusão de um ecoturismo eficiente foi o de Paranapiacaba, no distrito de Santo André (SP), a 34 quilômetros de São Paulo. "A excessiva quantidade de projetos não concluídos acabou frustrando a esperança dos moradores mais antigos, dos ambientalistas e dos simpatizantes que lutam pela preservação do local" (FIGUEIREDO, 1998). Em contrapartida, a preocupação com o ambiente e o tipo de relacionamento que existe entre este em relação à comunidade, pode afetar, de modo positivo, o desenvolvimento dessas atividades. A participação dos membros das comunidades locais é fundamental para a integração dos indivíduos na vida dessas cidades, e para a inserção e envolvimento nos planejamentos turísticos.

Levando em consideração o planejamento de uma atividade turística, uma das preocupações é o processo de urbanização sofrido pelas cidades mais distantes dos grandes centros. Como exemplo do processo de urbanização, a relação estabelecida entre a cidade de São Paulo e as cidades metropolitanas (Santo André, São Bernardo, São Caetano, Diadema, Mauá, Cotia, Osasco, Carapicuíba, Barueri, Mogi das Cruzes, entre outras) distanciou estas últimas da vida e dos valores do interior e de seus costumes e tradições. Essas cidades foram se aproximando da cultura da grande metrópole. Com o passar dos anos, as cidades do interior acabaram, também, sofrendo influência de cidades maiores, regionalizando as ações culturais e o modo de vida das pessoas.

O presente estudo segue uma orientação qualitativa. A primeira ferramenta foi estabelecer um referencial teórico sobre o tema a ser pesquisado, por meio de uma pesquisa bibliográfica. Realizou-se, inicialmente, um levantamento das obras relativas às palavras-chave do trabalho; seleção de obras por meio de análise textual; reflexão sobre as obras por meio de análise temática; análise interpretativa e problematização, como sugere Severino (2000).

A segunda ferramenta metodológica foi a utilização de entrevistas qualitativas não estruturadas:

> De um modo geral, as entrevistas qualitativas são muito pouco estruturadas, sem um fraseamento e uma ordem rigidamente estabelecida, assemelhando-se a uma conversa. Tipicamente, o investigador está interessado em compreender o significado atribuído pelos sujeitos a eventos, situações, processos ou personagens que fazem parte de sua vida cotidiana. (ALVES-MAZZOTTI e GEWANDSZNAJDER, 1998 p. 168)

Dessa maneira, nessa fase da pesquisa foi elaborado um roteiro com perguntas norteadoras sobre os seguintes temas: organização das atividades de lazer e Atividade Física; o turismo, as práticas do ecoturismo e os possíveis impactos das Atividades Físicas no meio ambiente; e a participação das comunidades locais, do poder público e das ONGs como partes influentes na organização das atividades de ecoturismo. As entrevistas foram realizadas por intermédio de três indivíduos de diferentes áreas de atuação e interesse do trabalho: a primeira entrevista foi realizada com um militante de uma ONG relacionada à utilização do solo e à conservação ambiental; a segunda entrevista foi realizada com um funcionário de uma grande empresa de ecoturismo; e a terceira entrevista foi realizada com um representante do poder público do município de Itapetininga. Estabeleceram-se as conexões existentes entre as entrevistas e o referencial teórico.

A organização e análise dos dados deram-se por meio da transcrição das fitas e da análise dos discursos, compondo dados convergentes e divergentes dos três segmentos entrevistados, com base no referencial teórico. Os sujeitos da pesquisa não serão identificados pelo nome, e sim por ONG, EMPRESA DE ECOTURISMO e PODER PÚBLICO, para que sejam mantidos os participantes da pesquisa em anonimato.

A pesquisa envolveu a obtenção de dados descritivos em relação ao contato direto entre o pesquisador e a situação a ser estudada. O foco principal foi preferencialmente no processo, em detrimento do produto, retratando, assim, a perspectiva dos participantes e, a partir dela, derivando uma pesquisa qualitativa (BOGDAN e BIKLEN, 1994).

2. Turismo e vida cotidiana

No início do século XXI, milhares de turistas, em busca de aventuras, prazer e diversão, "invadem" áreas caracterizadas como ambientes naturais para a prática de atividades voltadas ao ecoturismo. Essas atividades configuram simples caminhadas visando à contemplação e ao desfrute da paisagem aos esportes de aventura, que têm como característica o desafio e a dominação do desconhecido, de forma competitiva ou não.

O ecoturismo carrega traços da atual cultura, nos quais a exploração de novas experiências se articula com a necessidade de sair do ambiente urbano como medida antiestresse ou para a prática de Atividade Física diferenciada das disponíveis no mercado. Esse tipo de atividade também tem como característica a contemplação de belas paisagens (PELLEGRINI, 1993), a qual objetiva levar as pessoas a um "contato parceiro com a natureza".

Contudo, esse contato nem sempre se traduz em uma aproximação harmoniosa com a natureza. Brandon (1999) enumera alguns dos possíveis prejuízos que as atividades mencionadas podem causar: danos ecológicos, degradação ambiental, impacto negativo sobre a cultura local e criação de dificuldades econômicas para a população nativa. O autor também levanta algumas possíveis origens desses problemas: falta de comprometimento político dos governos; interesses econômicos de pessoas vindas de fora da região; e falta de estrutura do próprio turismo.

Na definição apresentada por *The Ecoturism Society* sobre ecoturismo, fica evidente a preocupação necessária dessa atividade com as comunidades locais: *"Ecoturismo é a viagem responsável a áreas naturais, visando preservar o meio ambiente e promover o bem-estar da população local"* (WESTERN, 1999 p. 17). Uma definição ainda mais completa é descrita por esse mesmo autor e é defendida como diretriz para uma política nacional:

> Ecoturismo é um segmento da atividade turística que utiliza, de forma sustentável, o patrimônio natural e cultural, incentiva sua conservação e busca a formação de uma consciência ambientalista por meio da interpretação do ambiente, promovendo o bem-estar das populações envolvidas. (p. 17)

Além das definições apresentadas, a reflexão sobre as relações de cultura e natureza é necessária para a compreensão da temática ambiental na sociedade atual.

Na Educação Física, essa temática vem sendo discutida lentamente, salientando aspectos organizacionais e as possibilidades de implementação de projetos (JUCOSKY, 1991; INÁCIO, 1997), e aspectos conceituais (SILVA, 1997; PICH, 1999, BRUNHS, 1997, 1999, 2001; LADISLAU, 1999; CHAO, 1999; AMARAL, 1999).

Portanto, uma análise dos aspectos sociais é necessária para expor o problema. Albuquerque (2001 p. 2) faz a seguinte análise sobre a questão ambiental:

> As questões ambientais que hoje se apresentam como fruto de uma "nova" consciência ecológica, mobilizando grupos, partidos, instituições e meios de comunicação, surgiram no cenário

contemporâneo há mais de 40 anos, como parte daquilo que Berger et al (1974) chamaram de contra movimento. Conforme esses autores, os contra movimentos são propostas de resistência, recorrentes da modernidade, e que se expressam por meio da oposição ao projeto modernizador. Especificamente, aqui, estou me referindo à contracultura dos anos 1960 do século XX. Resumidamente, pode-se afirmar que esse movimento se insurgiu contra a padronização e o materialismo convencionais da cultura contemporânea, bem como contra o racionalismo científico, estimulando a procura de novas maneiras de viver (Clarke, 1997).

A autora ainda define a contracultura como um movimento contrário à Revolução Científica do século XVII. Suas manifestações "cobrem um amplo espectro de temas que vão dos cuidados com o corpo ao respeito à natureza, das novas sociabilidades ao pacifismo, das crenças religiosas à expansão da mente, de modo a passar a limpo toda uma civilização" (p. 2).

Nesse contexto, uma análise epistemológica sobre o tradicional e o novo traduz a complexidade desses conceitos na relação entre comunidade e sociedade. Os movimentos da contracultura, e da pós-moderna "cultura alternativa", apresentam uma "diversidade de temas" que abordam "valores, condutas e atributos que povoam o simbolismo da comunidade, com os quais os alternativos se opõem ao consumismo, à competição predatória, à negligência ética e à impunidade" (SOARES, 1994 apud ALBUQUERQUE, 1999, p. 52).

Analisando especificamente a temática ambiental, Bornheim (2001) constata que, a partir da modernidade, a relação do homem com a natureza torna-se conflituosa, sendo que determinados conflitos surgem primeiramente por conta da "saída" do homem da natureza, pois:

> Houve época em que o homem vivia dentro da natureza exuberante e embora nem sempre tenha sido assim, não havia um problema maior de conflito entre ele e o meio ambiente em que vivia. De repente, começaram a surgir os conflitos e a relação do homem com o meio ambiente se fez um problema, passou a ser um drama. Ela se investiu de uma dramaticidade toda peculiar em que hoje vivemos. (p. 1)

Tais conflitos são identificados como problemas, tanto para o homem como para o meio ambiente. Bornheim (2001) salienta que, além do conflito surgido com a "saída" do homem do meio ambiente, surgem conflitos relacionados a quatro outros pontos.

Em primeiro lugar, surge o conflito gerado pela ação do conquistador (europeu) sobre os povos americanos, o primeiro contato com os povos indígenas e a exploração e degradação dessas culturas. Posteriormente, surge o conflito dos imigrantes que foram forçados a deixar suas terras e se fixarem em um lugar estranho, em outra cultura.

Um terceiro conflito seria a própria revolução industrial que usurpou do homem o tempo livre. Assim, a "capacidade de produção do homem se multiplica quase ao infinito" (BORNHEIM,

2001, p. 6) e deixa o homem escravo do trabalho e do tempo, ampliando ainda mais os problemas com o meio ambiente.

E o último conflito é exercido pela política:

> [...] a política é fundamental para a análise das questões ambientais e desses problemas todos. A política é só uma coisa, ou melhor, duas, é a ciência e a arte. É a ciência e arte de saber assumir a responsabilidade do real. O ser social, político, não pode ser ignorante, ele tem de saber o que é esse real. (BORNHEIM, 2001, p. 7)

E, complementando esses conflitos, Albuquerque (2001) relaciona a discussão ao tema central deste trabalho:

> Muitos casos de resignificação da natureza podem ser lembrados, como aqueles ligados ao <u>ecoturismo</u>, ao direito à propriedade intelectual diante da exploração dos conhecimentos nativos, bem como aos impasses ligados à preservação da flora e da fauna do planeta. Apenas para encerrar esse inventário de exemplos, vale a pena lembrar que a questão ambiental despertou, no Ocidente moderno, uma sensibilidade ecológica voltada para o bem-estar dos seres vivos que, claro, varia culturalmente. (p. 7)

A atividade turística vem se desenvolvendo ao longo de todo o processo histórico. Ela aparece desde as mais antigas civilizações e também como fenômeno pré-moderno, como salienta Urry (1996), na descrição das viagens realizadas pelas elites da época. A palavra turismo surgiu no século XIX, e o conceito evoluiu principalmente após a Segunda Guerra Mundial, com o desenvolvimento industrial e econômico e suas consequências sociais na modernidade e na pós-modernidade.

É importante, para esta dissertação, definir como e em que espaços as atividades relacionadas ao turismo foram e estão sendo desenvolvidas desde o ano de 2003. Cabe, também, refletir sobre os conceitos de comunidade e sociedade, antes de adentrarmos na interferência do turismo na vida cotidiana.

O conceito de comunidade é mais amplo que o de comunidade local. Segundo Nisbet (1978), diversos pensadores do século XIX adotaram o termo para definir formas de relacionamento caracterizadas por um grau elevado de intimidade pessoal, profundidade emocional, engajamento moral, coerção social e continuidade no tempo. E o homem, inserido nessa comunidade, é representado por sua totalidade, e não por seus papéis. O conceito também contém as fusões entre sentimento e pensamento; tradição e ligação intencional; e participação e volição.

O grupo pode ser pequeno ou grande – o tamanho não importa. A característica mais importante da comunidade é que nela os indivíduos partilham condições básicas de uma vida em comum; e que dentro dessa vida em comum podem ser encontradas todas as relações sociais. As comunidades não precisam, necessariamente, ser autossuficientes. Na verdade, a grande maioria das comunidades modernas não têm autossuficiência. Seus membros, muitas vezes, desfrutam de independência política e econômica e têm diferentes graus de coesão social entre si.

No século XXI, pode-se dizer que a "localidade" e o "sentimento de comunidade" são as principais bases da comunidade. (FERNANDES, 1973).

Não é o grau de isolamento que determina as características de uma comunidade e dos seus membros. Nisbet (1978) amplia e dá um significado de valor ao conceito sugerindo, sendo que: "A comunidade forma o elemento denotativo da legitimidade em associações tão variadas como o estado, a igreja, o sindicato, o movimento revolucionário, a profissão e a cooperativa" (p. 255).

Nesta década, uma comunidade nem sempre tem o formato de "população local" isolada. As comunidades podem ser representadas por um bairro, uma vila ou uma cidade.

No Brasil, esse conceito fica bem claro, pois, desde o descobrimento, a instauração de comunidades foi marcante, tanto em âmbito conceitual quanto simbólico. Lévi-Strauss (1957) estuda o "interior", a partir da colonização, lembrando que "desde que se deixava a costa, era preciso não perder de vista que, há um século, o Brasil se transformara mais do que se desenvolvera":

> [...] no interior, as espécies urbanas nasciam e desapareciam, ao mesmo tempo em que ela se povoava, o interior se despovoava. Deslocando-se de um ponto para outro, sem nunca aumentar, os habitantes mudavam de tipo social, e a observação, lado a lado, de cidades fósseis e de cidades embrionárias permitia, no plano humano e em limites temporais extremamente curtos, o estudo de transformações tão impressionantes quanto as do paleontólogo comparando ao longo das camadas geológicas as

fases, estendidas em milhões de séculos, da evolução dos seres organizados. (p. 113).

Essa formação caótica da comunidade brasileira é representada e comandada por uma classe social dominante que, ora foi citadina, ora rural. Porém, a civilização brasileira já nasceu como civilização urbana (RIBEIRO, 1999).

O povoamento se deu de várias formas e em várias épocas, começando pelo extermínio dos índios até o desaparecimento de diversas etnias. Assim, diferentes "Brasis" foram formados, segundo Ribeiro (1999): o Brasil crioulo, o Brasil caboclo, o Brasil sertanejo, o Brasil caipira e os Brasis sulinos.

O Brasil caipira surgiu em São Paulo e em outros estados do Sul, Sudeste e Centro-Oeste do país. Assim se dá o crescimento e desenvolvimento das cidades de São Paulo, por meio dos bairros – unidade básica da cultura caipira (CÂNDIDO, 2001); das vilas que se transformaram nas cidades; e do seu conjunto nos estados.

Em um estudo etnográfico, Queiroz (1973a), ao pesquisar alguns bairros rurais paulistas, destaca aspectos importantes das relações sociais e econômicas ali presentes. Segundo essa autora, "A distância geográfica não significa isolamento, e independência econômica, também não é dele sinônimo" (p.131). Além disso:

> Os bairros rurais formam especificamente a maneira pela qual se organizam as unidades de povoamento na história de nossa colonização e, como tal, foram a sede dos processos de aculturação e de adaptação entre a civilização portuguesa, a autóctone e a africana. Eis porque constituíram e constituem,

ainda hoje, quando tradicionais, os portadores por excelência de nossa civilização caipira. (p. 133)

As pessoas não precisam ter uma comunicação direta para que pertençam à mesma comunidade, e sim convergir sobre suas necessidades quando necessário, por exemplo, construir uma casa ou participar de uma festa, entre outros (CÂNDIDO, 2001).

Outro conceito importante a ser abordado é o de sociedade. Para Horkheimer e Adorno (1973), o conceito de sociedade é fácil de explicar como "conjunto de homens, com grupos de diversas dimensões e significados, que compõe a humanidade" (p. 25). Porém, variados graus de controle, individualidade e conflitos são, necessariamente, alocados nesse conceito. Assim, "o conceito de sociedade define mais as relações entre os elementos componentes e as leis subjacentes nessas relações do que, propriamente, os elementos e suas descrições comuns" (p. 26). E ainda "[...] o conceito de sociedade, como tal, só veio a ser formulado durante a ascensão da burguesia moderna, como um conceito de autêntica 'sociedade' em oposição à corte" (p. 26).

Complementando, Fernandes (1973) diz que a sociedade "liberta e limita as atividades dos homens" e é uma "condição necessária a toda a realização da vida" (p. 117). É formada por um sistema de costumes e processos, de autoridade e auxílio mútuo, de muitos agrupamentos e divisões e de controles de comportamentos e liberdades.

Analisemos, agora, os quadros a seguir, adaptados de Albuquerque (1999, p.51):

Quadro 1 – Considerações sobre comunidade e sociedade.

COMUNIDADE	SOCIEDADE
Arcaico	Moderno
Afetivo	Racional
Sagrado	Secular

Quadro 2 – Considerações sobre comunidade e sociedade (Durkheim *apud* Albuquerque (1999, p. 51).

COMUNIDADE	SOCIEDADE
Contato primário	Contato secundário
Solidariedade mecânica - Os indivíduos se ligam ao todo, sem intermediário, e participam de crenças coletivas idênticas.	Solidariedade orgânica - Os indivíduos se ligam às partes que compõem o todo coletivo e participam de crenças diferentes entre si.

Traços históricos demonstram que, no século XIX, ocorre um resgate da noção de comunidade. Essa passa a "simbolizar a imagem de uma boa sociedade". Também no século XX é "empregada para todas as formas de relacionamento caracterizadas pela intimidade, profundeza emocional, engajamento moral e continuidade do tempo" (ALBUQUERQUE, 1999 p. 51).

Será, então, que o resgate de fatores antagônicos – como o Arcaico e Moderno; o Afetivo e Racional; o Sagrado e Secular – vem de encontro às necessidades do trato comum das comunidades? O moderno (aqui representado pelo conceito de sociedade) trouxe avanços e retrocessos, mantendo, no imaginário coletivo, formas que ocultam as necessidades mais comuns. Nesse contexto, a sociedade acaba se revestindo de um individualismo empobrecedor com o aval do estado controlador.

O significado de sociedade (que pode ser reproduzida pelo estado) representa relações mais reguladoras, enquanto o significado de comunidade representa as ligações mais espontâneas. Esses significados são trazidos para este estudo em acepções específicas, e no seguinte contexto: "Se por trás da imagem da sociedade estava o exorcismo da comunidade arcaica, medieval e tradicional, a força da imagem da comunidade está na própria sociedade, como aposta ou como ameaça" (Albuquerque, 1999 p. 53).

No que tange as relações entre o estado e as atividades modernas, o crescimento acentuado do setor determinou uma relação de interdependência entre o estado e a comunidade, no tocante ao turismo e ao meio ambiente. Para tanto, o estado (controlador) deve conceder ao turismo o lugar e a propriedade que merece no conjunto das atividades econômicas e sociais, além de promulgar leis e elaborar previsões para as estruturas locais, regionais e nacionais de turismo, facilitando um desenvolvimento ordenado.

Ruschmann (1999), ao estudar as relações modernas do estado em relação ao turismo, nota que os recursos estatais, muitas vezes, são direcionados por um falso preservacionismo, em detrimento da especulação turística, dos interesses individuais e da busca de soluções para os problemas locais. Muitas vezes, a administração pública, por intermédio da determinação de "organização e progresso", não estabelece condições mínimas para determinadas comunidades continuarem usufruindo da terra, obrigando os sitiantes a saírem de seus bairros e de suas propriedades (QUEIROZ, 1973b).

E quais seriam os problemas que o estado procura resolver com suas intervenções? Seriam problemas que afetam a vida cotidiana? Que afetam a comunidade?

A vida cotidiana traduz o *status* dos membros de uma comunidade de produzirem suas ações. Essas ações são contempladas por meio da socialização. Segundo Berger e Luckmann (1985), existem duas formas de socialização: "A socialização primária é a primeira socialização que o indivíduo experimenta na infância, e em virtude da qual torna-se membro da sociedade. A socialização secundária é qualquer processo subsequente que introduz um indivíduo já socializado em novos setores do mundo objetivo de sua sociedade" (p. 175), contribuindo para o conhecimento, sua distribuição social e a divisão do trabalho.

A socialização, que é o processo por meio do qual o indivíduo aprende a ser membro da sociedade, possui diversas facetas, com a imposição de padrões não diferenciados conforme as classes sociais e as diferenças culturais. Por exemplo, o adulto tem influência marcante na vida da criança, por meio da imposição dos padrões de conduta, mesmo que nesse aspecto existam algumas diferenças entre diversas sociedades. (BERGER e BERGER, 1978).

Essas imposições de padrões podem interferir nos mecanismos da vida cotidiana – que representam uma realidade não problemática, caracterizada, principalmente, pelo fator temporal e pela organização coerente de fatos e estruturas que fazem parte da realidade não problemática (BERGER e LUCKMANN, 1985). Assim, é comum a atividade humana ter a seguinte concepção (BERGER E LUCKMANN, 1985):

ATIVIDADE HUMANA
HÁBITO
PADRÃO
ECONOMIA DE ESFORÇO

Dessa forma, todas as atividades que estejam fora da vida cotidiana representam um parêntesis no conteúdo real. As "atividades de aventura" ou atividades ligadas ao ecoturismo, que são alguns de nossos objetos de estudo, podem representar a quebra do hábito e a modificação temporária dos padrões.

Processos de socialização secundária, como a experiência em esportes de aventura, atraem o interesse de vários grupos socialmente determinados. Mas as comunidades locais podem ficar de fora desse processo objetivo, por conta da própria característica da população, da marginalidade desses processos ou até mesmo da falta de interesses culturais da atividade. Mas será que precisamos necessariamente despertar o interesse das comunidades locais em participar dessas atividades? Será que as comunidades desejam ser visitadas e estudadas? E o que a comunidade pensa disso?

2.1 Considerações da natureza e da cultura

Alguns dos referenciais teóricos deste trabalho levantam questões sobre o homem e sua atividade (ou interferência) na natureza ou no meio natural. Essas atividades são definidas culturalmente e são socialmente dirigidas pelos homens. É comum observarmos, nas comunidades que vivem próximas da natureza, indivíduos mais ligados ao mundo natural, a uma vida mais saudável e com maior proximidade com o meio ambiente. Pellegrinni (1992,1993) classifica como bens naturais tudo aquilo que não foi construído pelo homem, que se mantém internalizado nas áreas de proteção, na natureza culturalizada.

Mas qual é o significado de "natural"?

A natureza tem suas representações marcadas no processo de culturalização, em que a cultura só mostra sentido próprio quando delimita seus contornos externos, opondo-se a uma não cultura. Ou seja, ela se identifica enquanto cultura por meio da oposição à natureza, e se estabelece de forma absoluta, única e universal, afastando as "outras culturas" para o lado da natureza (RODRIGUES, 1980).

O conceito de natureza não é "natural". Cada cultura determina o que será sua natureza. Trata-se de um conceito criado pelo homem (GONÇALVES, 1980) e regido pela universalidade dos instintos, enquanto o cultural é marcado pela relatividade da regra, do padrão, do comportamento. Assim, a distância entre a natureza animal e a natureza humana torna-se uma viagem biopsicossocial, adentrando em um oceano de incertezas.

Para os antropólogos, o natural é tudo que não depende da tradição social, tudo que não é comportamento aprendido, que transcende ao domínio das normas; tudo que é universal e não peculiar a nenhum grupo social humano em particular, sendo a natureza culturalmente variável (RODRIGUES, 1980).

Sendo a cultura determinante do processo natural, esse natural é, muitas vezes, confundido com as comunidades locais, e, em alguns casos, é exatamente visto como tal. Para os indígenas, por exemplo, "a categoria de natureza é um fato cultural, sendo que o natural confunde-se com o culturalmente definido como natural" (RODRIGUES, 1980 p. 14).

Esses conceitos também são amplamente discutidos por Howell (1996). Para o autor, a dicotomia natureza/cultura aparece como objeto de discussão do próprio homem. Esses conceitos são também abordados de forma dialética por várias áreas da ciência, além da sociológica-antropológica. Nesse ponto, uma segunda interrogação faz-se necessária: o que é natural nos seres humanos?

Para o médico Paulo Gaudêncio, o que o homem tem de natural seria o "impulso nervoso", atrelado a uma viagem do "impulso culturado". Para o antropólogo Edgard de Assis Carvalho, o natural no homem não existe, já que o natural está culturalizado e a cultura está naturalizada.

A culturalização da natureza acabou afastando o homem do convívio parceiro da natureza (agora culturalizada). O antropocentrismo passou dos limites; o homem acredita que pode resolver tudo, que é superior a todos os outros seres vivos. Historicamente, ultrapassou as barreiras da competição, do autoritarismo e do egoísmo, para satisfazer seu ego construindo diferenças econômicas, políticas e sociais.

As comunidades, em geral, passaram a experimentar outras formas de dinâmica com a natureza. O crescimento econômico e o desenvolvimento das cidades proporcionou uma decadência do extrativismo e um êxodo rural significativo, que mudou as relações com a natureza e seus pilares (o campo, a floresta, os rios etc.). E, segundo os parâmetros antropológicos, dominamos tanto a natureza que estamos destruindo por completo; mais ainda, dominamos a natureza e nos autodominamos, destruímos a natureza e destruímos a nós mesmos.

A relação entre cultura e natureza também difere segundo as culturas. Podemos encontrar culturas alienadas da natureza – como a maioria das culturas ocidentais que valorizam a ordem social – e culturas solidárias à natureza, que valorizam a ordem natural (RODRIGUES, 1980). Um exemplo seria o "povo da barra", comunidade localizada na barra do Aroeira, no estado de Tocantins. "A natureza, para eles, observadores atentos, representa uma fonte de vida e dinâmica, que revela ou coloca à disposição diferentes informações ao longo de seus ciclos" (AGUIAR, 1998 p. 173). Essas pessoas encaram a natureza como inseparável da vida diária. Os ciclos naturais praticamente determinam o ritmo de suas vidas. Até mesmo as atividades físicas – caminhadas, danças, festas, jogos ou brincadeiras – são regidas pelas estações do ano.

As questões socioculturais presentes no ambiente natural são diferenciadas, também, por áreas de conservação, que podem ser áreas naturais protegidas pelo estado, ou não. Os modelos desse tipo de área, muitas vezes, são importados de países desenvolvidos, e pensam a proteção de uma forma fechada, por meio de reservas e parques florestais. Nesses casos, o resultado nem sempre é o mesmo que se consegue nos países desenvolvidos – talvez por condições culturais diferenciadas, que não são levadas em consideração.

Mesmo em um contraponto entre parceria ou destruição, entre a "ordem social" ou a "ordem natural", o homem social é responsável pela destruição ou pela conservação. E essa opção não se dá pelo "instinto" ou pela herança genética. Ao contrário, os traços socioculturais é que são determinantes para a sequência dos fatos. Para Berger e Luckmann (1985) "embora seja possível dizer que o homem tem uma natureza, é mais significativo dizer que o homem constrói sua própria natureza, ou, simplesmente, que o homem se produz a si mesmo" (p. 72). Os autores complementam, dizendo que "o Homo sapiens é sempre, e na mesma medida, *Homo socius*, e logo que observamos fenômenos especificamente humanos entramos no reino do social" (p. 75).

Esses estudiosos finalizam seu raciocínio dizendo que

> [...] o processo de tornar-se homem efetua-se na correlação com o ambiente. Essa afirmativa adquire significação se refletirmos no fato de que esse ambiente é, ao mesmo tempo, um ambiente natural e humano. Isto é, o ser humano em desenvolvimento não somente se relaciona com um ambiente

natural particular, mas também com uma ordem cultural e social específica, que é mediatizada para ele pelos outros significados que o têm a seu cargo (p. 71).

A inevitável culturalização (como simbolização) da natureza acabou afastando o homem do convívio parceiro com o meio ambiente. O que é importante é o que se produz socialmente, o que está nas cidades. Por isso, também, muitas pessoas sonham em abandonar a vida no campo para buscar novas oportunidades nos pequenos e grandes centros urbanos.

O aparecimento do novo, do inédito, de outra cultura, pode ser visto como inserção de uma cultura diferente em outra, ou como negação da cultura local, de suas raízes e de seu povo. A fantasia e o julgamento que o exterior pode trazer é de que a outra cultura é a mais forte (MARQUES, 1972). Fantasia e julgamento acabam servindo de elo entre o observador e o observado (RODRIGUES, 1980).

Segundo Geertz (1989), "as culturas são estruturas de significado através das quais os homens dão forma às suas experiências", sendo essas experiências formas de aprendizagem ou de comportamentos aprendidos. O autor menciona um exemplo: não basta falar a língua de outra cultura para estarmos inseridos nela; o significado das palavras, muitas vezes, não reflete a análise e nem a interpretação de sua cultura. E Durham (1977) lembra que "a cultura constitui o processo pelo qual os homens dão significados às suas ações, através de uma manipulação simbólica, que é atributo fundamental de toda prática humana" (p. 34).

Não basta proteger recursos e lugares, mas valorizar a essência do homem, cuidar da biodiversidade e também da sociodiversidade (SANTOS, 2000). Sendo assim, não basta apenas conservarmos o meio ambiente, "a natureza"; também devemos respeitar as diversas comunidades locais, procurando interpretar seus valores e suas culturas e analisar suas necessidades.

Assim como conhecer os significados das palavras não determina a inserção cultural, não é apenas o "passeio" ou as passagens esporádicas pela mata ou pelos rios que determinam o reconhecimento dos valores e das necessidades das comunidades visitadas. Deveríamos observar e escutar mais, pois precisamos aprender muito antes de ter a pretensão de contribuir com as comunidades locais e com o meio ambiente do qual elas usufruem.

Muitos são os estudos que apontam para o problema da conservação x destruição (DIEGUES, 1998; 2000; ARRUDA, 2000) ou para a importância do envolvimento das comunidades locais ou tradicionais nos processos de conservação (CASTRO, 2000; ROUÉ, 2000; COLCHESTER, 2000). Outros ressaltam que programas como os de ecoturismo podem representar uma parceria entre a comunidade local, o turismo e a conservação dos recursos naturais (BRITO, 1998; DAUE, 1998; LINDBERG e HAWKINS, 1995).

3. Lazer e turismo

O lazer pode ter vários significados, de acordo com o contexto histórico e as diversas situações na qual o fenômeno é descrito. Ele pode ser conceituado como uma divisão de tempo; como oposição ao trabalho; como produto mercadológico; ou como "estado de espírito". Mas esses são, na verdade, apenas alguns aspectos de um processo complexo.

O lazer é mais do que a simples relação do homem com o tempo livre. Ele tem uma forte relação com repouso, divertimento, atividades sociais, aprimoramento pessoal, vontade espontânea, participação da comunidade e, até mesmo, um estado de graça alcançado pelas pessoas. (PARKER, 1978).

Inicialmente, é preciso localizar o lazer no contexto histórico e temporal. Trata-se de um conceito moderno, baseado em premissas que buscam dar um sentido de "valor" ao tempo das pessoas durante seu "tempo de lazer". O "lazer consciente", como descreve Parker (1978), inexiste em sociedades pré-industriais. Nessas sociedades, o lazer tem um sentido atemporal nas diversas atividades do cotidiano das pessoas. Ou seja, as atividades relacionadas ao trabalho, ao repouso, às festas e aos rituais foram (ou são) traços contínuos da própria vida das pessoas, sem valores específicos quanto ao grau de importância das atividades praticadas.

O termo lazer não é contemporâneo, mas talvez seus significados, classificações e outras derivações o sejam, considerando todos os contextos históricos nos quais ele foi e está inserido. O verbo *Licere* (do latim, "ser permitido") surgiu na civilização greco-romana como oposição ao trabalho (CAMARGO, 1998). Ele avançou durante séculos, privilegiando classes sociais que podiam usufruir dos "prazeres do tempo livre" graças ao trabalho de servos, escravos e – em tempos modernos – dos trabalhadores livres.

O tempo, como sinônimo de divisor das atividades de lazer, não detém o *status* estruturador, segundo o pensamento de diversos autores. A simples divisão entre tempo livre e "outros tempos" (trabalho, obrigações familiares, necessidades fisiológicas, períodos de sono etc.) não é totalmente aceita como divisor do lazer. Portanto, dispor de "tempo livre" não significa que a pessoa está desenvolvendo, nesse tempo, algum tipo de atividade relacionada ao lazer.

Em muitas produções teóricas, o sociólogo Domenico de Masi problematiza o tema "tempo livre" em contraposição ao tempo de trabalho. Para tanto, lembra que, na sociedade pós-industrial, o tempo livre é visto como inimigo do trabalho e dos serviços. E argumenta que, em consequência da invenção das máquinas, deveríamos ter mais tempo para o ócio e para o prazer (DE MASI, 1999). Paradoxalmente, entretanto, acabamos trabalhando mais do que em períodos anteriores à revolução industrial.

Por exemplo, durante a consolidação do capitalismo, nos séculos XVIII e XIX, e em decorrência da revolução industrial, verificou-se, em vários países (inclusive no Brasil), o êxodo rural para as cidades. Na área rural, trabalhava-se de 700 a mil horas por ano; nas cidades, passou-se a trabalhar, aproximadamente, 4 mil horas por ano. (CAMARGO, 1998).

O trabalho está ligado à diferenciação entre as obras produzidas e a atividade que produz essas obras. A produção se relaciona apenas com a avaliação do produto final, sem levar em conta a qualidade da ação de produzir. Assim, o trabalho é associado ao esforço penoso, à dor, à carga, ao sofrimento e à fadiga. Estamos longe daquilo que se idealizava, em outros tempos, quando o homem era incentivado a dedicar-se ao cultivo do espírito, à beleza do corpo e à atividade política, atingindo o *status* de homem livre por meio do ócio. (LAFARGUE, 1977).

Houve, portanto, uma separação conceitual do que era necessário para se viver bem, ser livre e trabalhar. Este passou a ser visto como fonte de bem-estar e como virtude em qualquer ser humano. A partir desse conceito que temos a máxima de que "o trabalho enobrece o homem". Entretanto, "depois de haver produzido mercadorias descartáveis, o trabalhador tornou-se a última mercadoria descartável" (LAFARGUE, 1977 p. 55).

Por outro lado, a revolução industrial trouxe grandes melhorias e benefícios para a humanidade, que podem ser avaliados se compararmos as condições de vida antes desse período com os dias atuais. As descobertas científicas no campo da medicina – como vacinas, anestésicos e quimioterapia, entre outras – e os avanços tecnológicos em outras áreas melhoraram sensivelmente a vida das pessoas. Porém, o mundo capitalista, com suas leis de mercado, a indústria do consumo, a captação e centralização de bens, a concentração de renda e o "apartheid social", cercearam a liberdade que a sociedade parecia almejar.

As definições e comentários sobre as diferenças entre tempo livre e tempo de trabalho se fazem necessárias para introduzirmos, nesta dissertação, as relações e a oposição entre trabalho e lazer presentes em distintas comunidades e culturas. Não é intuito deste estudo o aprofundamento nas relações e divisões do trabalho, que também é político-econômica e socialmente produzido. Até porque, sobre esse tema, já existe ampla produção, oriunda de diferentes correntes teóricas.

Usando o tempo como referência, diferentes autores dão significados de valor relacionados ao lazer. Marcelino (1998) define o lazer como cultura vivenciada, ou seja, um tempo disponível relacionado diretamente às atitudes dos indivíduos. Parker (1978) aborda a questão estudando a qualidade da atividade, a partir de alguns de seus aspectos, como repouso, divertimento, atividades sociais ou aprimoramento pessoal. Outras definições são destinadas às relações temporais do lazer, e todas contêm julgamentos de valor: por exemplo, o lazer é conceituado como atitude e experiência relacionadas à criatividade e ao prazer, em formas "desinteressadas" de aplicação das atividades (BRAMANTE, 1998). Dumazedier (1980) e Camargo (1992) relacionam o lazer com "interesses" artísticos, físicos, intelectuais, manuais e turísticos. Outros autores relacionam o lazer ao "processo educativo", ou seja, a uma educação informal ou não formal, que teria um papel primário no desenvolvimento social da sociedade (MAGALHÃES PINTO, 1998; MARCELINO, 1998; e CAMARGO, 1998).

Um segundo ponto a ser levado em consideração são as questões sobre o "estado de graça" ou "estado de espírito" que os participantes das atividades de lazer podem aproveitar por intermédio de práticas que vão além das suas obrigações e necessidades do dia a dia. Essas atividades podem ser representadas por jogos que definem o perfil do próprio praticante.

Huizinga (1951), em *Homo Ludens*, define o jogo como atividade livre, sem comprometimento com a vida séria, e que absorve o jogador de uma forma intensa e total. Assim sendo, o jogo é uma mistura de segredo e mistério, em que os componentes de diversão e ficção devem prevalecer (CAILLOIS, 1990). Tais componentes são também fundamentais para as atividades desenvolvidas junto à natureza. Essas podem ser encaradas como uma forma de jogar com o corpo, evocando as ideias de facilidade, risco ou habilidade (facilidade de movimento), inseridas em um sistema de regras que difere o permitido e o proibido, em uma atmosfera de descontração ou diversão (CAILLOIS, 1990).

Assim, o jogo seria auxiliado pelo convívio com a natureza, pela redescoberta do deleite de brincar e pelo descompromisso social dos resultados da Atividade Física – simples participação, pelo prazer de realizarmos uma Atividade Física sem a obrigação de "derrotar" o oponente ou de "bater" marcas e recordes. Nos jogos realizados em contato com a natureza, estaríamos praticando atividades físicas e, ao mesmo tempo, contemplando as belezas naturais, por meio de padrões culturalmente determinados.

Deste modo, os jogos de força, de destreza, de cálculo – como os que surgem com o contato com a natureza – tornam o corpo mais vigoroso, mais resistente, reforçando e estimulando qualquer capacidade física ou mental. Através do prazer e da obstinação, torna fácil o que inicialmente era difícil ou extenuante, pelo prazer do desafio, ou da dificuldade ultrapassada. (CAILLOIS, 1990)

O terceiro ponto da discussão seria relacionado às questões do lazer enquanto produto ou mercadoria de interesse do capital. Retratando essas considerações historicamente, o lazer também foi condicionado socioculturalmente. Instalou-se a confusão entre tempo livre e tempo de consumo. Na modernidade, Morin (1977) afirma que "o tempo das festas foi corroído pela organização moderna, e a nova repartição das zonas de tempo livre, as férias e os finais de semana" (p. 68). E que "o novo tempo livre conquistado sobre a necessidade se enche de conteúdos que abandonam o trabalho, a família e a festa" (p. 70).

Com clareza e criatividade, Sevcenko descreve um período da história em que estariam inseridos eventos significativos do mundo moderno e pós-moderno, como as relações entre o lazer, o trabalho, o capital e o turismo, dentre outros.

Sevcenko (2001) compara a corrida para o século XX com uma montanha-russa, e a divide em três fases. A primeira seria a da subida, que representa a vida das elites da Europa Ocidental dos séculos XVI até o XIX:

A primeira é a da ascensão contínua, metódica e persistente que, na medida mesma que nos eleva, assegura nossas expectativas mais otimistas, nos enche de orgulho pela proeminência que atingimos e de menoscabo pelos nossos semelhantes, que vão se apequenando na exata proporção em que nos agigantamos. (2001 p. 14)

A segunda fase seria aquela da queda *vertiginosa*, que ocorre com a Revolução Científica e um "boom" de elementos que constituiriam boa parte de nossa história no século passado: "A segunda é a fase em que num repente nos precipitamos numa queda vertiginosa, perdendo as referências do espaço, das circunstâncias que nos cercam e até o controle das faculdades conscientes" (2001 p. 15).

Nesse instante, estaríamos nos colocando à mercê de um processo, sem indagações, acríticos a essas passagens. Contudo, essas vertiginosas mudanças ainda estariam se processando em câmera lenta, se comparadas ao *loop* que as transformações microeletrônicas e a globalização trariam à sociedade. Essa seria a terceira fase:

> A terceira fase na nossa imagem da montanha-russa é a do loop, a síncope final e definitiva, o clímax da aceleração precipitada, sob cuja intensidade extrema relaxamos nosso impulso de reagir, entregando os pontos entorpecidos, aceitando resignadamente ser conduzidos até o fim pelo maquinismo titânico. (2001 p. 16)

No bojo da variada oferta de práticas de lazer e aproveitamento do tempo livre, o ecoturismo surge como mais uma opção de entretenimento e aumento da prática de Atividades Físicas. A integração dos conceitos de lazer, trabalho e tempo livre – tanto no que diz respeito ao turista quanto aos recursos naturais e às comunidades locais – deveria materializar as ideias apresentadas por Sevcenko, e, de fato, tornar as comunidades parte integrante dos processos, seja pela participação ou não de tais atividades.

Em culturas diversas, o lazer é identificado de diferentes formas. O período pós-revolução industrial revelou muitos conceitos e relações do lazer com o trabalho, o capital e os processos sociais. Bramante (1990) questiona se estamos vivendo uma civilização do lazer. Essa diferença cultural reflete-se, também, em áreas como a da educação, que podem confundir-se e adotar as mesmas estratégias do lazer.

Por isso nossa preocupação com as práticas do ecoturismo abrange também a educação, para que ela seja integradora e estabeleça relações com a natureza e, principalmente, com a comunidade local. A educação deve ser uma ferramenta para que o ecoturismo atinja seus objetivos: alcançar a satisfação do visitante e do visitado, sem destruir os recursos naturais. Mas sem um planejamento adequado junto à comunidade local, as práticas educacionais e o turismo podem estar destinados ao fracasso.

O planejamento do turismo é fundamental para que projetos saiam das pranchetas e se tornem realidade. A valorização da qualidade de vida (local e do visitante), o *marketing*, a educação ambiental, o lucro empresarial e o envolvimento e desenvolvimento locais seriam aspectos fundamentais a serem levados em consideração para o bom desenvolvimento de um projeto turístico (PELLEGRINI, 1993 p. 13).

Nesse caso, a maioria dos autores de livros e artigos voltados ao turismo sugere um planejamento rigoroso, incluindo a participação das comunidades locais. Mas o que rotineiramente observamos é que essa preocupação é relegada a segundo plano, e outros interesses são considerados mais importantes.

Outro ponto importante seria a participação do Estado. As autoridades públicas teriam a obrigação de planejar, executar e avaliar as possibilidades de projetos voltados às diversas populações. Essas definições políticas deveriam contemplar não apenas o divertimento e o descanso, mas também as questões de desenvolvimento pessoal e social (MARCELINO, 1990).

Se o planejamento existir apenas como ferramenta metodológica e teórica para preencher as solicitações políticas, ou como mera importação de modelos que deram certo – principalmente nos países desenvolvidos – continuaremos tendo os mesmos problemas que toda ação superficial apresenta: pouco envolvimento da comunidade, falta de percepção do turista e perda do tempo de quem planeja.

Para que esses planejamentos realmente façam sentido, planejador, população e turista devem ter seu papel muito bem definido: "Se o consumidor não estiver consciente da necessidade de procedimentos adequados, então o ecoturismo será mais um lamentável fator de poluição, de desequilíbrio, de descaracterização, de destruição" (PELLEGRINI, 1993 p. 90).

Em muitas ocasiões, as comunidades locais ficam apenas com as "sobras" do projeto: feiras de artesanato ou algum evento político. Entretanto, não são poucos os estudos que estabelecem como prioridade o envolvimento dessas comunidades. Só assim seria possível o sucesso de projetos voltados à conservação e ao desenvolvimento do meio ambiente natural.

Nianyong e Zhuge (2001), estudando as oportunidades e mudanças estabelecidas quando da implantação do ecoturismo em reservas naturais na China, observaram o desenvolvimento e resolução de alguns conflitos na apropriação de terras e na extração, sem critério, de recursos naturais. O estudo diz que o ecoturismo traria oportunidade, benefícios e proteção às comunidades locais.

Como estratégias para enfrentar problemas, Nianyong e Zhuge (2001) apontam a aprendizagem, as pesquisas, o desenvolvimento e o investimento, sendo este último um contraponto à ação dos órgãos governamentais que muitas vezes destinam os recursos para o isolamento de áreas protegidas. Os autores identificaram, como maiores problemas para a implantação de programas de ecoturismo, os atrasos nas regulamentações governamentais, os gerenciamentos incorretos, a falta de qualificação, os poucos recursos e o suporte científico frágil. Programas como esses deveriam, antes de tudo, entender a cultura local e implementar um ecoturismo ecologicamente sustentável, em que homem e natureza estabelecessem uma parceria de convivência.

Em outro estudo, Campbell (1999) descreve as relações entre o ecoturismo e o desenvolvimento das comunidades rurais na Costa Rica, e estabelece percepções importantes extraídas das próprias comunidades locais. Estas sentem que as intervenções do governo são mínimas, e, quando existem, muitas vezes são contaminadas pelos interesses de agências. A indústria turística ainda é pequena e são pequenos os benefícios locais. Os residentes locais têm baixo nível de percepção sobre as possibilidades do ecoturismo, mesmo que haja uma disposição clara para trabalhar em "qualquer coisa".

Outro aspecto levantado no estudo de Campbell (1999) é que as sugestões para a implantação de projetos e planejamentos não derivam das comunidades locais, sendo todas "importadas". Dessa forma, começamos a verificar que muitas das preocupações existentes são "globais" e que os problemas enfrentados também são "globais", mas as soluções apontadas são locais, e, comumente, não são levadas em consideração. Ou, então, são estabelecidas apenas em projetos rápidos e sem continuidade.

As metas não são alcançadas de uma hora para outra. É necessário melhorar a educação e seus processos, a participação e interesse das partes envolvidas, seja de quem conduz, de quem realiza ou de quem é receptor passivo das atividades desenvolvidas, nesse caso, do ecoturismo. Porque "Na realidade, ao estudioso e ao planejador de turismo não deve faltar a visão sistêmica do contexto socioeconômico cultural em que ele se insere" (PELLEGRINI, 1993, p. 90).

As práticas do ecoturismo ou do turismo natural – rural, entre outros – em geral, são direcionadas à contemplação dos meios naturais e às atividades que levem o turista ou a população a participar de forma prazerosa e intencional. Devemos, portanto, perseguir esses objetivos com mais acuidade, pois podem vir a ser agregadores, funcionando como estratégia de união entre atividade física e a prática de atividades ecoturísticas.

Brunhs (2001) aponta problemas que o meio natural pode sofrer. É o lixo deixado na mata, as alterações provenientes das trilhas, o excesso de pessoas em um mesmo lugar – geralmente visitantes provenientes do meio urbano e, principalmente, das metrópoles.

Nessa perspectiva, o sociólogo Anthonny Giddens (apud SEVCENKO, 2001) descreve radicalmente o que pode ser um mundo resultante da destruição da natureza:

> Monitore continuamente o conteúdo de todo tipo de água que você consuma, qualquer que seja a fonte de que ela provenha, pode estar contaminada. Nunca aceite tranquilamente que a água engarrafada seja segura, ainda mais se ela estiver em garrafa plástica. Destile a água que você vai consumir em casa, pois a maior parte dos serviços de água encanada costuma estar contaminada. Tome cuidado com tudo que você come. Evite peixe que é uma fonte preferencial de contaminação, assim como as gorduras animais, quer estejam no leite, nos queijos, na manteiga ou na carne. Compre frutas e legumes produzidos organicamente ou plante-os você mesmo. Reduza ao mínimo possível o contato entre os alimentos e os plásticos. As mães deveriam considerar o abandono do aleitamento do peito, já que ele expõe os bebês a um alto risco de contaminação.
>
> Lave as mãos frequentemente ao longo do dia, pois os agentes contaminadores evaporam e assentam em todas as superfícies

no interior das casas, impregnando-se nas pessoas a qualquer mínimo contato. Nunca use inseticidas ao redor da casa ou no jardim e evite entrar em casas onde eles são usados. Jamais compre quaisquer produtos de lojas ou supermercados sem verificar se eles vaporizam as mercadorias com pesticidas, o que é uma pratica amplamente difundida. Afaste-se dos campos de golfe, pois eles se tornaram densamente contaminados, mais do que as fazendas. (p. 97)

Por que, muitas vezes, temos acesso a todas essas informações e continuamos ter a mesma prática? Talvez porque já nos acostumamos, ou nos é incutido às relações caóticas da vida cotidiana, subjugando os valores básicos para se viver em sociedade.

Para Pimbert e Pretty (2000), a participação das comunidades locais seria essencial para o desenvolvimento e conservação de áreas rurais ou reservas florestais, pois, sem o envolvimento dessas comunidades, haveria pouca probabilidade de sucesso na proteção da vida selvagem e na manutenção da biodiversidade. Os autores salientam que: "Estudos recentes indicam que parte da perda da biodiversidade em áreas protegidas têm raízes nas restrições impostas nas atividades da comunidade local" (PIMBERT E PRETTY, 2000 p. 195).

Esses autores salientam, também, que participações passivas da comunidade no ecoturismo – como mera fonte de informações e consultas, ou participação apenas por incentivos materiais, por exemplo – traríam resultados "superficiais e fragmentados", e não o impacto desejado nas pessoas. Consequentemente, as áreas continuariam desguarnecidas. Por isso os autores defendem a participação funcional e interativa, e a iniciativa autônoma, como essenciais para o desenvolvimento conjunto da comunidade e do ambiente.

Apesar da existência de vários exemplos institucionalizados, a participação popular ainda é muito tímida. Seus resultados favoráveis são encontrados em momentos pontuais e com um tempo de trabalho muito longo. Esses movimentos de participação popular, dependendo de sua organização, poderiam impedir a manipulação dos órgãos oficiais que muitas vezes os cerceiam, fazendo com que a participação local se tornasse efetiva, e que sua atuação proporcionasse mudanças de atitudes e comportamentos.

Stokoswki (2000) aborda as dificuldades de se pesquisar as comunidades pelo fato de existirem tendências a "enumerar valores, julgamento de atitudes e padrões de comportamento" (p. 302), frequentemente descontextualizados e quase sem preocupação com a função comunitária, importante para a criação de "linguagens de construção social" (p. 302).

À medida que a indústria do entretenimento vem trazendo a degradação e o desrespeito das características ambientais, nota-se que os esportes de aventura ou os esportes radicais, apresentados como auxiliares da conservação natural, podem, ao contrário, levar a agressões e ao consumo do meio natural.

Seria como Sevcenko (2001) observa: "O pano de fundo dessa revolução do entretenimento, que redefine o padrão cultural das sociedades urbanas do século XX, é a dissolução da cultura popular tradicional, causada pela migração em massa dos trabalhadores das áreas rurais para as grandes cidades" (2001 p. 78).

E quem sustenta a indústria do entretenimento são as classes mais favorecidas, cuja ação, aliada a políticas públicas condizentes, às estruturas educativas e à formação de uma percepção crítica e criativa nas comunidades locais poderiam, em conjunto, evitar o cenário que Sevcenko (2001) critica: "Subsistem ainda elementos da cultura popular, que são metodicamente selecionados e incorporados pela indústria do entretenimento, mas eles são descontextualizados, neutralizados e encapsulados em doses módicas, para o uso moderado, nas horas apropriadas" (2001 p. 79).

Com o crescimento das cidades, as comunidades talvez não sejam mais tão locais como dantes. O aumento das desigualdades sociais e das periferias está traçando um novo perfil dessa população. Quando observamos as periferias das grandes cidades, as atividades como o jogo de futebol, a frequentação de bares, a audiência televisiva e a frequentação de pequenos circos são opções de entretenimento das classes populares (MANGNANI, 1998). E, quanto mais avança a globalização, mais "periféricas" e menos "locais" tornam-se as populações. O caráter de união que se perpetua no lazer, na educação e no trabalho, como se fosse um só fator integrado à vida de todas as pessoas, torna-se descontextualizado.

Dessa maneira, a indústria do entretenimento ou a "indústria cultural" ganham força, avançando sobre as comunidades desprotegidas. A cultura é cada vez mais global e menos local, a tradição, os valores e os costumes vão se distanciando do mundo real das comunidades, perpetuando o caos.

Assim, aumentam, cada vez mais, as necessidades de distanciamento da vida cotidiana, com a esperança de voltar para casa e encontrar uma nova realidade social.

4. Educação Física: da ginástica e dos esportes às atividades de aventura

A Educação Física vislumbrou discussões e caminhos bastante amplos, que conservaram sua importância até meados de 2003 (como o esporte, a ginástica, a recreação, entre outros), e se relacionam a novos temas, como as atividades de aventura. Partindo de uma preocupação inicial com a ginástica e o esporte, a área ganhou um escopo mais amplo. De acordo com Da Costa (1999), a "Educação Física, esporte e recreação são formas contingências e modernas de uma necessidade humana determinada culturalmente" (p. 33).

Os exercícios físicos sempre estiveram presentes na vida do homem, em diversos momentos da história – de forma utilitária – já que são necessários para a sobrevivência; ou presentes ao longo do tempo, de forma assistemática em razão de necessidades e contemplações variadas. Voltados para suas necessidades mais tangíveis ou para suas representações de culto ao corpo, os exercícios físicos acabam sendo conduzidos culturalmente como atividades com objetivos bem definidos. Uma dessas atividades é a ginástica.

Segundo Soares (1994), a ginástica foi uma das primeiras formas de encarar o exercício de forma diferenciada. Foram quatro "escolas" de origem europeia, que no século XVIII desenvolveram e disseminaram seus métodos e especificidades práticas:

> Apresentando algumas particularidades a partir do país de origem, essas escolas, de um modo geral, possuem finalidades semelhantes: regenerar a raça (não nos esqueçamos do grande número de mortes e doenças); promover a saúde (sem alterar as condições de vida); desenvolver a vontade, a coragem, a força, a energia de viver (para servir à pátria nas guerras e na indústria) e, finalmente, desenvolver a moral (que nada mais é do que uma intervenção nas tradições e nos costumes dos povos). (p. 65)

Outra atividade conexa à Educação Física, que surgiu no mesmo período, foi o esporte inglês, que a partir do século XIX começava uma trajetória de muito prestígio social, alcançando inúmeros praticantes e apreciadores, e gerando interesses econômicos, políticos e, consequentemente, sociais.

Algumas das características desse movimento são: as condições sociais institucionalizadas; a base lúdica desenvolvida; o convencionamento da regra; a competição entre duas ou mais partes oponentes, ou contra a natureza, tendo como objetivos comparar desempenhos, designar o vencedor ou registrar o recorde. O resultado é determinado pela habilidade e estratégia do participante (BETTI, 1991). Tanto a ginástica como o esporte deixaram legados altamente representativos para a Educação Física dos séculos XIX e XX, e mais:

> Os sistemas ginásticos do século XIX deixaram como herança grande parte dos conteúdos da Educação Física atual (por exemplo, exercícios naturais e analíticos), e com expressos fins

políticos visavam a Educação Física das massas. Em contrapartida, o esporte surge da elite para a elite, como uma forma de educação e lazer, embora secundariamente com finalidades políticas. (BETTI, 1991, p. 56)

O autor ainda destaca a "inversão histórica", na qual o esporte passa a ser peça de propaganda política de muitos países com variadas consequências históricas; e a ginástica passa a ser representada pelos modismos e vinculada diretamente à estética corporal.

A Educação Física, no Brasil, tem forte herança dos movimentos ginástico e esportivo descritos anteriormente. Sua história tem vertentes de submissão e divergência. Já fez parte, desde a colônia, de uma corrente ligada à medicina (saúde e higiene) e que se cientificaria mais tarde (século XIX) e seguiria o método médico higienista, defendendo a tese de uma atividade física voltada exclusivamente à saúde.

Outra corrente estaria ligada ao fator utilitário da prática da Atividade Física, influenciada pelo militarismo que visava à disciplina corporal com cunho saudável e direcionado ao preparo físico, ou simplesmente para servir como exemplo de educação e saúde.

Na abordagem sobre saúde, Soares (1994) destaca os traços biologizados e aparados pelo cientificismo no qual a saúde da mulher deveria existir para a criação dos filhos, a saúde dos soldados para serem úteis à pátria, e a saúde dos homens/trabalhadores para servirem ao desenvolvimento do capital.

Como características das áreas da Educação Física, Lovisolo (1995) aborda essa atividade como fonte multidisciplinar, com demandas sociais e propostas que dizem respeito ao conceito biomédico ligado à saúde, à estética e às regras corporais; às demandas das atividades corporais na ocupação do tempo livre (lazer, recreação, divertimento); ao nacionalismo esportivo e à educação formal.

Essa pequena retrospectiva serve para avaliarmos o desenvolvimento de novas Atividades Físicas, como as dos esportes de aventura. Como elas poderiam ser classificadas e organizadas? Em uma classificação, contemporânea de 2003, Tubino (1999) organiza o movimento esportivo em três esferas:

a) Esporte performance:
Objetiva rendimento, em uma estrutura formal e institucionalizada.

b) Esporte participação:
Visa ao bem-estar para todas as pessoas. É praticado voluntariamente.

c) Esporte educação:
Contém objetivos claros de formação, norteados por princípios socioeducativos, preparando seus praticantes para a cidadania e para o lazer.

Outra definição, contrária à apresentada anteriormente, classifica o esporte em duas esferas: a) Esporte de alto rendimento ou espetáculo e b) Esporte enquanto atividade de lazer (BRACHT,

1989). O autor destaca que o esporte de rendimento ou de espetáculo vincula-se ao mundo do trabalho, ao "consumo da mercadoria esporte" e aos códigos da vitória/derrota, da maximização do rendimento e da racionalização. O esporte enquanto atividade de lazer estaria ligado às relações de não trabalho, movido pelo prazer, pela saúde, e pela sociabilidade de tal prática. Outrossim, o autor estabelece uma relação entre o esporte, a sociedade e o estado, destacando a importância de alguns fatores que seriam obrigação do poder público (estado) como: a ampliação e conservação dos espaços urbanos de lazer; a efetivação de uma Educação Física escolar voltada para a educação e para o lazer; o destino de incentivos fiscais para instituições que assumam compromissos sociais, diferentemente daquelas vinculadas ao alto rendimento; a desvinculação do esporte como atividade de lazer, sendo a base de uma pirâmide esportiva; a evitação de soluções apoiadas em eventos passageiros e o desenvolvimento de uma "arquitetura" específica que não interfira na convivência com a natureza, por meio da dominação ou da destruição.

Conceitualmente, o esporte é o principal formato das atividades desenvolvidas na natureza, variando das modalidades mais competitivas até as mais brandas e participativas, e envolvendo o jogo como atividade de lazer e entretenimento. As atividades desenvolvidas na natureza têm uma classificação peculiar, sendo conhecidas como esportes de aventura, esportes na natureza ou esportes relacionados ao turismo ecológico (BRUHNS, 1997), e outras classificações já mencionadas na introdução deste trabalho, segundo Betrán (1995).

Essas modalidades apresentam como característica, além das questões competitivas (um participante contra o outro), a interface com a aventura, com o desconhecido e com o desafio de transpor barreiras pouco usuais e padronizadas, como as existentes nos esportes tradicionais. Também é valorizada a aproximação com a natureza e a intensidade *radical* – para utilizar uma palavra usual entre os praticantes dessas atividades.

Tubino (1999) fez projeções para o século XXI em relação às transformações do movimento esportivo e às novas questões do esporte. Dentre essas tendências estão a influência da mídia, a participação estatal e a organização internacional da Educação Física. Destaca, também, o papel dos esportes na natureza, que podem gerar conflitos por conta da forma de utilização do espaço e em relação ao aparecimento sistemático de diversas modalidades associadas à aventura e ao desafio do homem.

Essas atividades podem ser praticadas em conjunto – como as *corridas de aventura*, que envolvem várias técnicas e modalidades diferentes (correr de bicicleta, escalar e caminhar, entre outras) no trabalho em equipe; ou podem ser apresentadas separadamente, envolvendo desafios particularizados, normalmente sem a conotação competitiva.

As atividades ou esportes de aventura estão dispostos na modalidade específica do turismo, o ecoturismo. Elas dividem a opinião de representantes de ONGs e ambientalistas quanto à forma de utilização dos espaços naturais. Sua prática pode ser positiva, se a utilização do espaço for criteriosa e consciente; ou contribuir, de forma irresponsável, para a destruição da natureza.

Geralmente, nesses esportes, observamos a exigência de uma variedade de equipamentos de alta tecnologia, muitas vezes de alto custo, aumentando o grau de exclusividade dos participantes e tornando sua prática cada vez mais excludente. São bicicletas e barcos de fibra de carbono, cordas ou cabos especiais, roupas especiais etc. Assim, a esportivização das atividades de aventura que visam à luta contra o cronômetro, os *rankings* e os desafios vencedores, nesse caso, ganha mais uma característica ligada ao consumo, ao prestígio de poucos, à exclusão e às leis da mídia e de mercado, como muitas vezes já aconteceu nos esportes tradicionais. Como disserta Sevcenko (2001): "Nesse sentido, os esportes da nossa época são, de fato, exercícios de produtividade, em perfeita sintonia com os princípios econômicos e os valores morais que regem a nossa sociedade" (p. 108).

O esporte tradicional, como o que se desenvolveu no movimento esportivo inglês, tem raízes modernas e pode ser considerado como matéria-prima da indústria cultural (RUBIO, 2001, p.99). O esporte nasce, se desenvolve e tem o seu ápice de significação e relevância social durante a modernidade. Em oposição a essa possibilidade de prática surgem, no período definido como pós-modernidade, mudanças de paradigma e de conceitos representados por um conjunto de práticas corporais, com novos valores e demandas sociais.

Como representante da modernidade, o esporte desenvolve e sistematiza as necessidades de protagonizar conflitos que gerem emoção, imaginação e incertezas, dentro de diferentes sistemas de competição, como as ligas, os torneios e as copas (BETRÁN e BETRÁN, 1995). O universalismo representativo dessas atividades é traduzido por conta de padrões preestabelecidos de confronto entre dois ou mais competidores; da demonstração de capacidades e habilidades adquiridas com o treinamento; da comparação de desempenho; e da avaliação quantitativa desse desempenho (o recorde, a marca etc.). Com a crise da modernidade, surge também a crise do esporte tradicional. Verifica-se que o esporte tradicional "não é para todos" e que sua abrangência não é democrática como se apresenta socialmente. As atividades (ou esportes) de aventura, surgidas na pós-modernidade, tentam romper com alguns valores e conceitos, combinando o tradicional com o novo.

No campo tradicional, ainda percebemos algumas atividades bastante peculiares, como os Jogos Mundiais da Natureza (NOGUEIRA, 1998), que trazem características modernas, como as regras, a difusão na mídia, o aparato científico e o alto nível tecnológico.

Em outros casos, em detrimento de técnicas altamente especializadas, temos as atividades de cunho não competitivo, práticas hedonistas de âmbito festivo/recreativas, como define Betrán e Betrán, (1995), (Quadro 3) e a comparação de dois modelos corporais de Atividades Físicas realizadas no tempo de ócio ativo (Quadro 4).

Quadro 3 – Atividades dirigidas no âmbito festivo – recreativo (Betrán e Betrán, 1995).

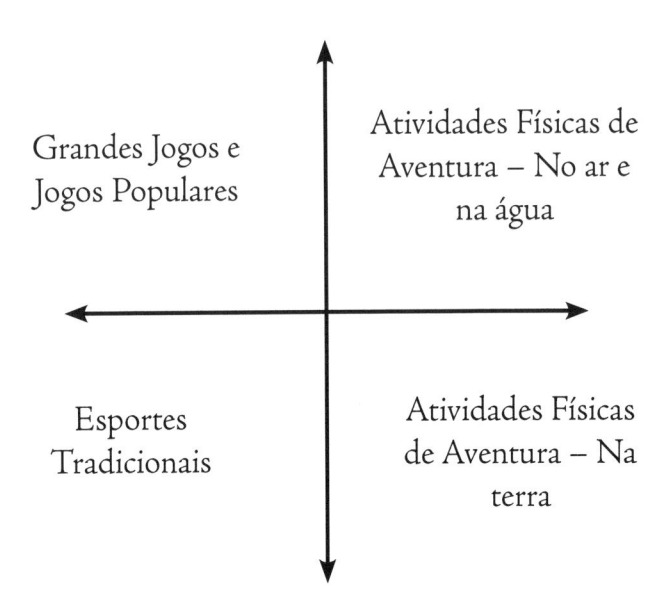

Grandes Jogos e Jogos Populares	Atividades Físicas de Aventura – No ar e na água
Esportes Tradicionais	Atividades Físicas de Aventura – Na terra

Quadro 4 - Modelos corporais e Atividades Físicas – (Betrán e Betrán, 1995).

Modelo	Referências	Lógica	Estruturas	Corpo	Tipos de Práticas	Atividades
Corporal	Ideológicas de Origem					
Ascético	Movimento esportivo; Movimento olímpico	Lógica Esportivo-estatal	Equipes, clubes e competições. Equipamento, instalações genuínas muito estruturadas, de caráter universal e vocação de espetáculo.	Energético	Rendimento	Esporte
Hedonista	Movimento Ecologista	Lógica mercantil e tecnológica	Empresas de serviços que oferecem aventura e sensação, em um meio natural semiestruturado	Informacional	Emoção e sensação	Atividades Físicas de aventura na natureza (AFAN)

Os autores assinalam ainda que:

> As atividades físicas de aventura na natureza aparecem com o surgimento da sociedade pós-industrial da mão da lógica mercantil, em um marco de estratégias comerciais. É uma característica deste setor o aparecimento contínuo de novas práticas, assim como o desaparecimento de outras, sendo sua duração média ou curta. Deste nosso ponto de vista, este universo de atividades tem superado a consideração passageira de ser uma moda ao fio de novos ventos pós-modernos, para consolidar-se como grupo de práticas mediante a elaboração de um processo de crise interna que o levará a emergir novamente com os produtos mais sólidos de sua oferta. (p. 22-23)

Em um estudo com praticantes de montanhismo e escalada, Tubino e Costa (1999) tiveram como objetivo compreender as representações sociais dos praticantes em relação à aventura e ao risco, manifestados pelos sujeitos que escolhem a atividade e a praticam, e os sentidos que lhe atribuem. O estudo analisa a manifestação cultural do ponto de vista do praticante, geralmente urbano, que faz da sua aproximação com a natureza uma forma de amenizar a pressão da cidade grande, diminuir o estresse, buscar aventura e relacionar-se com os riscos e as emoções. Segundo o estudo, os modelos que circulam nesse sistema de práticas estão relacionados aos estilos de vida dos praticantes.

Na tentativa de aproximar o estereótipo do "corpo regrado" e suas relações com o corpo humano, levando em consideração que a busca da saúde, do bem-estar e do condicionamento físico advêm de modismos e representações sociais. Deixamos de fora, ou à margem do estudo, as relações sociais e culturais nas quais estão inseridas as práticas esportivas.

As práticas esportivas, realizadas à margem das instituições – nesse caso, junto à natureza, em florestas, rios, mares e montanhas – são marcadas por um cuidado com o corpo, quando se sabe que o condicionamento físico e uma dietética adequada são exigências culturais para a atividade, com a manutenção da aparência jovem, higiênica e expressiva de saúde e bem-estar. Tal postura de interação com o ambiente pode desencadear uma percepção diferente de si mesmo, do espaço e da natureza.

Assim, as práticas corporais, desenhadas junto à natureza, são uma nova possibilidade, um "novo tipo de gesto esportivo", conforme Pociello (1995) que aborda que "[...] o desejo, muitas vezes expresso, de fusão e harmonia com elementos fundamentais da natureza (providencial e ameaçadora) pode ser assimilado ao mito de um paraíso perdido, que no espaço de um instante, se tem o prazer de reencontrar" (p. 118).

Portanto, ao falarmos do homem em relação à natureza, figuramos o corpo enquanto instrumento da sociedade, diferindo segundo as classes sociais, as circunstâncias, os séculos e as culturas (PORTER, 1992). Suas técnicas corporais, seu "habitus" também variam segundo a educação e as sociedades (MAUSS, 1974) influenciadas, muitas vezes, pelo que Elias (1990) chamou de "processo civilizador", no qual o natural e os costumes foram influenciados e modificados culturalmente.

4.1 Educação Física e áreas correlatas

O contexto da Educação Física e Educação, retratado neste trabalho, não remete às tendências ou abordagens pertinentes à educação formal. Vislumbramos os processos educativos de forma ampla e com vários significados. Nessa perspectiva, não se pode tratar as práticas de Atividade Física na natureza e a conservação do meio ambiente como ações dissociadas, mas sim fomentar a reflexão da própria prática e salientar sua importância educativa.

A educação deveria ser realizada de forma concisa, politizada e integrada. Sendo assim, deve-se ter cuidado com as divisões didáticas que prometem que a junção sempre acontecerá no final do projeto. Enquanto esperamos, será que o processo educativo não fica cada vez mais descontextualizado? Deve-se tomar cuidado para não separar tudo, para não nos tornarmos cada vez mais especializados, pois, já existem a Educação Ambiental, a Alfabetização Ambiental, a Educação Sexual, a Educação Física, entre outros. Temos que ter cuidado para não nos distanciarmos do todo e não alcançarmos nosso objetivo.

Para evidenciar a ideia de fragmentação, Guimarães (2000) diz que:

> A cultura da separação das áreas de conhecimento, em que cada uma tem seu conteúdo específico, sem nenhuma ou quase nenhuma integração entre elas e, mais, a desconsideração de outras formas de conhecimento (filosófico, religioso, artístico, popular), produz um deslocamento, uma grande alienação en-

tre o que se ensina na escola e a realidade na qual está inserida, ou pelo menos deveria estar. (p. 23)

A educação não pode ser estanque e deve ser movida por certa dose de paciência, pois quando almejamos as mudanças de comportamentos e atitudes de homens e mulheres de carne e osso, somos obrigados, muitas vezes, a "recarregarmos as energias" para novas tentativas de mudanças. De acordo com Brandão (1987), a educação: "Pode ser uma das maneiras que as pessoas criam para tornar comum, como saber, como ideia, como crença, aquilo que é comunitário como bem, como trabalho, como a vida" (p.12).

Portanto, a educação não acontece apenas na situação formal de ensino, como nas escolas; a educação acontece no dia a dia, na comunidade, na troca de experiências e na própria convivência. Segundo Brandão (1989), o aparecimento do *Homo sapiens* no processo evolutivo possibilitou a produção do conhecimento e a consciência do saber. Esses seres vivos aprenderiam "[...] não apenas diretamente do e com o seu meio natural, naturalmente, mas uns com os outros e uns entre os outros, culturalmente" (p. 15).

Em algumas sociedades específicas – como "o povo da barra", na Barra do Aroeira, estado de Tocantins (AGUIAR, 1998) – a educação confunde-se com o cotidiano, com a transmissão de conhecimento dos mais velhos para os mais novos. A aprendizagem se dá com a observação e as conversas nas caminhadas e coletas de frutos, não sendo a educação escolar a única prática educativa (AGUIAR, 1994). O objeto cultural (a própria cultura) é fundamental na definição de diretrizes estabelecidas socialmente (ou culturalmente).

Muitas pessoas, em diversas comunidades, são inseridas às condições da educação formal, sendo as *outras formas de educação* desprezadas e descartadas socialmente. As conversas, as caminhadas, o contato com a natureza, os conselhos, as histórias de vida não detêm o *status* que a televisão, o computador, a escola e as palestras têm, no início do século XXI.

Nessa perspectiva, existe a interface entre a Educação Física e a Educação Ambiental, com abordagens interdisciplinares visando à integração dos processos educativos aqui defendidos. Esses processos educativos trazem a possibilidade de provocar mudanças e alterar o curso dos referenciais de degradação causados pela atuação do homem na natureza. Segundo Carvalho e colaboradores (1996), o processo de educação é sempre apresentado como forte agente de transformação.

Na reunião intergovernamental sobre Educação Ambiental, realizada em Tbilisi (Geórgia), em 1977, promovida pela Unesco, alguns princípios foram traçados para nortear esse tipo de ensino. A Educação Ambiental deve, segundo essas diretrizes, ser um processo contínuo da educação formal e informal; ser abrangente em relação às políticas ambientais, locais, regionais, nacionais e internacionais, inter-relacionadas ou não; adotar uma ótica interdisciplinar; e propor, sempre, uma integração e um posicionamento dos alunos.

Pensando nessa integração, os estudos do meio podem fazer uma interface entre a Educação Física, o ecoturismo e a Educação Ambiental, nos quais a vivência e a exploração do meio (aqui, o meio natural) são metodologias e estratégias para um processo educativo mais amplo. Esse meio pedagógico ainda explora pouco as boas possibilidades do ecoturismo, principalmente no que diz respeito à interdisciplinaridade e à formação de um corpo crítico que favoreça a relação homem/ natureza. Essa formação deveria ser dirigida tanto aos consumidores destas atividades, como aos receptores, que muitas vezes são colocados em segundo plano ou até mesmo desconsiderados.

Entretanto, Serrano (2001) alerta a respeito de possíveis problemas que os estudos do meio podem trazer:

> [...] os estudos do meio podem representar apenas uma inovação parcial. Ao levar os alunos periodicamente para fora da sala de aula, pode-se obter um alívio temporário às tensões intrínsecas ao espaço e à forma da escola, permitindo que ela continue a negar a necessidade de uma revisão radical em sua tradição de domesticação de corpos, padronização de mentes e reprodução das relações sociais. Assim como para o trabalho alienado há as férias, para um ensino alienante pode haver as saídas para estudos do meio [...]. (p. 103)

Outro problema, enfatizado pela autora, são as relações entre o mercado e a Educação Ambiental, ou seja, a possibilidade de transformar o ecoturismo em apenas mais um produto a ser vendido. Usualmente, essa característica é visível nas atividades do turismo de aventura, em meio à polissemia do termo. A multiplicidade de práticas de ecoturismo tem como forte aliada a prática de Atividade Física, formando linhas de fuga que não agem na tensão das pessoas, mas apontam para uma hegemonia (do turista) construindo "lugares/mercadoria" no interior dessa hegemonia.

Essa abordagem sobre educação ocorreu principalmente pela necessidade apontada durante os procedimentos da pesquisa. Mesmo não sendo interesse direto do trabalho, todos os entrevistados apontaram a educação como uma saída para o desenvolvimento consciente dos esportes de aventura, seja no âmbito do poder público, dos organizadores das atividades, seja no âmbito das ONGs. Porém, será que a Educação Física está preparada para suprir as necessidades do desenvolvimento dos esportes de aventura? Interpretando a própria função do profissional de Educação Física, Betti (1999) propõe:

> [...] o argumento de que a ação profissional em Educação Física/esporte é mais ampla que o ato de ensinar movimentos ou promover a condição física, e inclui áreas como a administração, o marketing, a pesquisa, a comunicação etc. [...] portanto, nossa posição: planejar, executar e avaliar programas de atividades físicas para as mais diferentes clientelas, nos mais diferentes ambientes e organizações, com múltiplos objetivos, é e ainda será, pelo século XXI adentro, a principal (embora não única) tarefa dos profissionais de Educação Física/esporte em nosso país. (p. 243)

De acordo com essa citação, lembramos a importância de uma formação diferenciada para esse profissional, que inclua – tanto na área de conhecimento como na de formação profissional – propostas de uma Educação Física que não se preocupe apenas com a qualidade de vida "física", em situações tipificadas e norteadas pelos padrões contemporâneos. Defendemos uma Educação Física que se preocupe também com o meio ambiente e com a relação entre as pessoas.

5. A inter-relação entre poder público, ONG e empresa privada

Este trabalho não levou em conta, inicialmente, as considerações de uma pesquisa de campo aprofundada com a população da cidade de Itapetininga, vislumbrando, em vez disso, o posicionamento e as representações de três esferas institucionalizadas: - o poder público, a empresa organizadora de eventos de ecoturismo e as ONGs – tentando responder a três questões principais:

1) Qual é o papel da comunidade em relação aos projetos de ecoturismo? O que ela vai ganhar com essa atividade?

2) Qual seria o papel das instituições envolvidas?

3) Qual seria o projeto pedagógico para os objetivos deste trabalho?

Após a transcrição das fitas, foram separados os principais temas abordados pelos três segmentos entrevistados:

a) O poder público fez referência a oito elementos principais da pesquisa: o resgate do lazer e da história; a participação da comunidade; o desenvolvimento do ecoturismo; as funções do poder público e da empresa privada; a educação; as ONGs; e a população rural.

b) A empresa que desenvolve atividades de ecoturismo se reportou a oito elementos principais: os objetivos; a escolha das cidades visitadas; a preocupação com os participantes; o contato com a natureza; o contato com a comunidade; o poder público; a educação; e as ONGs.

c) Finalmente, a ONG abordou dez temas: os elementos naturais e culturais; as políticas ambientais; o choque entre culturas (local e turística); a conscientização a respeito do ecoturismo junto à comunidade local; a organização das atividades; o poder público; a educação; os problemas sociais; a ONG; e a dimensão empresarial.

Antes de explicitarmos as questões levantadas, um retrato social e histórico é importante. Como já dissemos anteriormente, a obra de Oracy Nogueira é referência para este trabalho. Quando fala do desenvolvimento das atividades de lazer por intermédio da história do município, o autor destaca, nos três períodos que identificou, algumas atividades principais que foram realizadas em Itapetininga. Nesse contexto entram as festas comunitárias, as reuniões ao ar livre, os espetáculos em lugares fechados, as atividades nos clubes e associações, os jogos de azar e de competição, a pesca, a música, a leitura, e outras práticas menos frequentes. Para responder as perguntas levantadas na primeira questão da pesquisa (Qual é o papel da comunidade em relação aos projetos de ecoturismo? O que ela vai ganhar com essa atividade?) o poder público atual[3] acredita em um embasamento na teoria e no resgate das atividades descritas por Oracy Nogueira:

---

3 Por "atual" entende-se o período do século XXI até o ano de 2003.

...há algum tempo estavam paradas as opções de lazer, cultura, e turismo... na verdade o que a gente tentou resgatar foi em cima do Nogueira, do que ele está colocando aí. Então hoje nós temos cinema na praça todo sábado na periferia em cada praça passam filmes... tem o Reinventando a Praça que é outro projeto que nós estamos fazendo, que é levar música da comunidade à praça. Então nós estamos tentando tirar dos centros fechados chamados... como é que eu poderia falar... os templos da cultura, do esporte, a atuação dessa área. Estamos tentando atomizar na cidade a questão do lazer, da cultura e do esporte. No esporte estamos fazendo escolinhas, núcleos, e no lazer existem vários programas aí espalhados.

E complementa, quanto ao resgate:

Toda proposta é para isso... logo começa um projeto...que é a tenda do cultural, é uma tenda de circo... cada semana um bairro recebe todas as atividades que tem na cidade – desde as danças tradicionais, regionais, como a catira, sadango, cururu, que é de canto, música caipira, de raiz... até as danças das academias, música dos grupos que estão se organizando aqui, teatro, temos alguns grupos de teatro. Vai ser uma caravana passando por todos os bairros [...].

Em relação ao ecoturismo, o poder público acredita que a cidade tem um potencial, que hoje é subexplorado. Destaca os pesqueiros, gênero "pesque e pague" da região, que funcionam de forma descoordenada, e as atividades motorizadas com motos e jipes. O entrevistado vislumbra, em um futuro próximo, a formação de espaços ecológicos com ecossistemas diferenciados, mas, principalmente, destaca Oracy:

> Nós não temos uma vocação industrial, não adianta, nossa vocação é agrária, então você vai ter que trabalhar com agronegócio e com o ecoturismo. Itapetininga poderia ser um portal para toda essa região de ecoturismo. Se você pegar Apiaí, São Miguel Arcanjo... São Miguel tem dois parques ecológicos, Apiaí tem aquele intervales, depois de Itapeva tem a Caverna do Diabo, mas eles não têm estrutura. Agora Itapetininga é uma cidade maior dessa região que poderia ser o portal inclusive até para traslado... mas isso tem que ser um projeto meio a longo prazo[...].

Também em resposta à primeira questão, ONG e empresa de ecoturismo descrevem papéis antagônicos na comunidade. A empresa coloca como ponto positivo do desenvolvimento das atividades de ecoturismo o aquecimento da economia local, com o artesanato, a alimentação, a hotelaria e o aproveitamento de pessoas da comunidade como monitores com treinamentos assistemáticos participando da organização dos eventos.

A ONG acredita que a preocupação no desenvolvimento de certas atividades deveria estar centrada nas comunidades locais:

> A base disso tudo está no engajamento com a população local... quando você pensa em um resort ambiental para levar outros segmentos de população...você pode dar cursos de treinamento, ampliar a consciência da população nativa, com a relação da importância disso, porque eles não dão importância a não ser para a

própria sobrevivência. Como valor cultural, como valor político eles não conseguem captar, exatamente pelo grau de instrução [...].

Porém, critica algumas ações:

[...] Quando você fala em envolver a população local, o que você pensa primeiro? Em treinar o pessoal ou criar uma base para o desenvolvimento do artesanato. Quer dizer, você vai congelar a população nativa na cultura primitiva; e eles querem mesmo é televisão, som, carro, moto... o dia a dia deles também é urbano, então você vai fazer aquela população ficar fazendo cestinha? É uma furada... Eu acho que temos que trazê-los para a cultura contemporânea. E não é ensinando-os a fazer cestinha, é através da consciência; é mostrar para eles quanto aquela mata que eles cortam pode trazer de receita para eles. Outro segmento é ensinar a mocinha caiçara ou do interior a ser cozinheira, passadeira, arrumadeira de hotel, ensinar o carinha a servir mesa e ensinar também a ser dono de hotel [...].

A ONG também aborda o conceito estereotipado que a "outra cultura", ou mesmo o turista, tem da comunidade local:

[...] você trata essa população – por ser "ignorante" ou analfabeta – como uma classe inferior. Mas eles têm uma outra cultura, de um outro, nível que você não tem, na qual você é ignorante analfabeto. Eles têm o conhecimento da flora, da fauna...então você trazer isso para a consciência deles é importante. É possível fazer deles guias turísticos por excelência, porque você vai sendo monitorado... ele vai demonstrar uma determinada espécie que para você passaria em branco... além de ser uma vertente econômica que está ligada ao ambiente, que para mim foi surpreendente que nós não temos esses dados, mas os americanos, europeus já têm. Por exemplo a nossa mata atlântica e florestas tropicais são responsáveis por 80% da matéria-prima dos laboratórios alopáticos, e não apenas homeopáticos. A base desses remédios é a essência que está na natureza, então você imagina o que isso significa em economia. A gente vai comprar um remédio sabe o custo que é... A gente desconhece essas plantas, mas a vó da gente dizia: "ah, toma esse remedinho que sara" e sara mesmo não é? A gente vai para o interior e é só isso, não tem farmácia. Então essa é uma vertente que você pode trazer para os espaços do ecoturismo. O cara vai viajar, vai fazer uma trilha e na volta ele tem à disposição um chazinho não sei de que erva que recupera a energia dele, então isso vai formando a consciência mais ampliada [...]

O local estudado – a cidade de Itapetininga – já passou, como vimos anteriormente, por situações bastante adversas em seu desenvolvimento. O poder público acredita ser essencial a participação popular na organização desses eventos, apesar dos problemas que o município ainda enfrenta. Com um IDH (Índice de Desenvolvimento Humano) baixo, a região é conhecida também como "ramal da fome". Paradoxalmente, o apelido começou, não por conta do problema socioeconômico, e sim com a história do vagão/restaurante da Estrada de Ferro Sorocabana, que era desengatado em Sorocaba. Por isso, naquela linha, não havia restaurante de Sorocaba até Itararé.

Atualmente, a comunidade local participa da organização de algumas atividades, em maior parte desenvolvidas na periferia da cidade. São eventos principalmente relacionados à música e ao teatro, nas zonas urbana e rural. As pessoas participam inclusive da organização, sempre em seu local de residência, até mesmo em razão das diferenças em meio às várias localizações. O poder público também alia manifestações tradicionais da cultura local, como o artesanato e a alimentação, às atividades de ecoturismo, acreditando que a comunidade será a principal beneficiada. Itapetininga mantém um índice de desemprego bastante elevado, "e as atividades ligadas ao ecoturismo poderiam ser uma possibilidade de criação de empregos, de renda e de fazer funcionar mais a economia da cidade" (entrevista com o poder público).

Outras atividades como trilhas de bicicleta e caminhadas são desenvolvidas esporadicamente, principalmente pela população mais jovem. São grupos de amigos que se reúnem de forma não competitiva, para realizarem uma Atividade Física "ao ar livre" por simples prazer, com a possibilidade de percorrer caminhos diferenciados daqueles já conhecidos e geralmente asfaltados do município.

Outra atividade desenvolvida, também de forma esporádica, são as visitas ao parque São Francisco de Assis, no bairro do Mato Seco. Com aproximadamente 330 mil metros quadrados de área verde, é conhecido como parque do Mato Seco e chamado de "'área do lazer" pelos moradores que vivem em seu entorno. Porém, é uma área que atualmente não está aberta, de forma estruturada, para visitas. O local tem algumas construções inacabadas (Figura

4) e o poder público tem o interesse, a longo prazo, de montar um parque ecológico devidamente estruturado.

Outros pontos visitados, além do parque ecológico São Francisco de Assis, são o Rio Itapetininga; os pesqueiros em estilo "pesque e pague" e, saindo do município, as cavernas, grutas, lagos, entre outros, das cidades vizinhas, como a represa da cidade de Guareí, a Fazenda Intervales e até mesmo locais mais distantes como o Parque Estadual de Turismo do Alto do Ribeira (PETAR). Esses são apenas alguns exemplos de lugares destinados às práticas de ecoturismo, corroborando com a ideia do poder público do município de Itapetininga se transformar em um "Portal" turístico da região.

Figura 4 – Construções inacabadas no Parque Ecológico São Francisco de Assis, bairro do Mato Seco – Itapetininga.

A segunda questão da pesquisa é em relação aos papéis das instituições envolvidas. A empresa tem seus objetivos centrados no turista e na questão mercadológica; o poder público acredita no incentivo e no fomento da atividade; e a ONG na fiscalização e na intervenção criativa. O quadro 5 descreve as relações entre as três instituições e a avaliação que as instituições fazem delas mesmas.

A terceira questão – ou seja, qual o projeto pedagógico adequado aos objetivos deste trabalho – requer uma reflexão sobre o envolvimento de algumas áreas do conhecimento, como a da atividade física e a do lazer, a da educação e a do meio ambiente. As três instituições estudadas estabelecem a educação como fonte de crescimento e desenvolvimento individual, com vistas ao aprimoramento de programas de educação ambiental e políticas ambientais.

A empresa vislumbra, para o futuro, programas de prática de Atividades Físicas conscientes e parceiras com o meio natural, voltados ao público infantil. A ONG alerta para que não sejam criados estereótipos dos recursos naturais, e para que a escola aproxime as questões ecológicas do dia a dia dos alunos, usando práticas como a da visitação. Defende, também, uma educação informal que conscientize sobre a importância do meio ambiente natural e o quanto ele poderia ser útil à comunidade local. O poder público não dissocia as responsabilidades das secretarias do município e acredita que a "receita" está na ampliação e integração dos trabalhos das várias áreas envolvidas: educação, cultura, esporte e turismo.

Quadro 5 - Inter-relações entre poder público, ONG e empresa.

	Poder Público	ONG	Empresa
Poder Público	O poder público deve ser agenciador das estratégias de turismo na cidade. Deve fomentar a política apropriada para o desenvolvimento do ecoturismo. Deve estruturar a cidade para receber as pessoas. Precisa criar políticas apropriadas para o desenvolvimento do turismo associando à comunidade local nos projetos.	Defende principalmente a participação da comunidade. Quer trabalhar com os conflitos, as diferenças e as possibilidades de transformação.	Atribui a empresa responsabilidades como a organização e o investimento.
ONG	Necessidade de incentivos fiscais, planos diretores, controle dos fluxos. Introdução nos currículos escolares do ensino de políticas ambientais e ecologia.	O poder público não tem mais capacidade de absorver todas as suas responsabilidades. A sugestão seria que as ONGs atuassem com incentivos da iniciativa privada, com base universitária e da sociedade civil. As ONG's atualmente concentram-se muito em atividades assistencialistas, com pouca gente atuando no turismo.	Precisa ter organização (intenção comercial); melhorar as políticas ambientais; pensar como absorver a mão de obra local e principalmente discutir conceitos. Explorar melhor outros segmentos da sociedade, como a terceira idade.

Quadro 5 - Inter-relações entre poder público, ONG e empresa. *(Continuação)*

	Poder Público	ONG	Empresa
Empresa	Poderiam aproveitar melhor os eventos de ecoturismo realizados nas cidades, na divulgação e na exploração racional do meio ambiente. Cita as cidades de Brotas e Campos do Jordão como bons exemplos de exploração.	Avaliação de protocolos para mínimo impacto ambiental, participação na educação.	Preocupação mercadológica; segurança dos participantes; não agressão ao meio ambiente, desafio pessoal para os participantes.

6. Considerações finais

Os resultados obtidos com este estudo levantam alguns problemas já conhecidos, de ordem política, econômica e social. A tríade: poder público, ONG e empresa, em diversas passagens das entrevistas, abordam a possibilidade de trabalhar em conjunto, seja no destino das verbas, na organização das atividades ou no controle sobre as mesmas. Assim, a canalização das ações e a articulação política e educacional necessárias ao bom desenvolvimento das atividades ligadas ao ecoturismo exigiriam:

1) Estabelecimento de uma boa relação (conscientização ecológica, planejamento sustentável e política de não agressão à natureza) entre a atividade física e o meio ambiente, sendo que a prática dessa atividade não estaria apenas vinculada a um modismo ou a uma aventura; ela seria abordada reflexivamente. No curso dessas práticas, seria interessante indagar, por exemplo, se as atividades ligadas ao ecoturismo estariam ou não contribuindo com as comunidades locais; se estão mantendo uma relação ética e respeitosa com a natureza, e de não dominação da mesma; ou se o ecoturismo, como atividade "importada", muitas vezes estranha à gama de atividades da cultura local, pode gerar interesse das pessoas que fazem parte da "outra cultura".

2) Pressão no sentido de efetivar planejamentos que outrora não saíam do papel, ou cuja continuação foi minada por interesses político-econômicos.

3) Reflexão sobre essas atividades, verificando se elas estão gerando relações mais próximas, solidárias e vivenciadas entre as pessoas e entre elas com o contexto ambiental.

De forma geral, entendemos que a Educação Física pode desempenhar um papel fundamental como mediadora dessa discussão. Os profissionais da área deveriam ter a capacidade de se concentrar em qualquer uma das três esferas aqui estudadas. Ou seja, os profissionais de Educação Física poderiam participar tanto da execução e da organização dos eventos quanto do seu controle e do fomento de políticas públicas para o desenvolvimento dessas atividades.

Especificamente ao município estudado, o primeiro passo seria o resgate histórico das atividades desenvolvidas nessa cidade. No caso específico de Itapetininga, a obra de Oracy Nogueira deveria servir como "livro de cabeceira" para consultas e planejamentos futuros. Assim, seguindo uma orientação de Bramante (1997), o primeiro passo seria a realização de um diagnóstico das necessidades:

> O primeiro passo de um Diagnóstico de Necessidades é o que denominaremos contextualização, isto é, considerar os indicadores do macroambiente que podem interferir na elaboração de uma política de lazer. Em um município, por exemplo, é fundamental realizar levantamentos de caráter histórico, visando revelar sua identidade cultural e provável vocação ligada ao lazer. Da mesma maneira, uma análise da lei orgânica do

município em pauta, bem como o seu plano plurianual de governo [...]. (p. 129-130)

Salientando as necessidades de diagnóstico, em algumas pesquisas na internet, encontramos *sites* que escrevem a situação de pontos turísticos no município. Um deles é o parque municipal São Francisco de Assis. Como já relatado, a área tem uma beleza diferenciada, porém não conta com a infraestrutura desejada para receber visitantes, algumas obras estão inacabadas e necessitam de ajustes estruturais (Figura 5). Porém, esses *sites* trazem informações não muito precisas sobre a real condição do local.

Desse modo, para a realização de um diagnóstico que traga subsídios importantes para a implantação de futuros projetos, as informações, sejam elas oriundas dos órgãos oficiais ou dos meios de comunicação, devem ter estabelecidos critérios éticos e profissionais, para que tragam benefícios a projetos futuros e não transtornos e desvios de informação.

Os processos seguintes de planejamento, execução e avaliação também são de suma importância, e todas as fases devem ser criteriosamente cumpridas. Com avanços qualitativos nos planejamentos subsequentes, graus de autonomia e liberdade devem ser atribuídos às esferas estudadas (poder público, ONG e empresa) e a comunidade tem de ser a principal interventora e interlocutora.

Figura 5 – Estrutura que deve ser recuperada no parque ecológico São Francisco de Assis – bairro do Mato Seco – Itapetininga.

Para tanto, deve-se salientar, sempre, as considerações de Marcelino (1990), citado por Bramante (1997):

> Muito se fala e alguns autores até escrevem criticando a postura, particularmente do setor público, confundindo política de lazer com uma simples listagem de eventos que costumam compor o "calendário anual" de um determinado órgão responsável por essa área de serviços. (p. 132)

O município de Itapetininga, como vimos, carece de investimentos importantes na área de turismo. As práticas que ocorrem na cidade são esporádicas e de cunho individual. Seria importante, para o desenvolvimento da cidade, o envolvimento dessas três instituições (ONG, poder público e empresa), com o apoio de outras áreas – entre elas, a de Educação Física – para que fossem criados mais projetos, para que a comunidade local passasse a usufruir economicamente dessa possibilidade de crescimento, e a reconhecer nessas atividades mais uma forma de lazer.

Marcelino (1996) aponta para os riscos dos "pacotes de lazer", que surgem a todo momento, e defende um plano geral de ação composto por três fases principais. A primeira etapa seria uma ação sensibilizadora, responsável pelo diagnóstico das necessidades e possibilidades; a segunda etapa seria a avaliação dos resultados com as respostas e os reflexos das atividades; e na terceira etapa teríamos o desenvolvimento de políticas para gerir a continuidade das ações (sedimentação, autonomia e reciclagem), passando de discussões mais emergenciais para outros interesses, como o acadêmico, que poderia suprir algumas necessidades da organização das atividades de ecoturismo. Durante as entrevistas realizadas, a Educação Física e as próprias atividades foram pouco comentadas – apenas por alguns momentos a empresa de ecoturismo realçou a importância do "desenvolvimento do corpo" e dos "exercícios" para os participantes dessas atividades.

A área de Educação Física poderia estar mais presente, alertando para algumas "armadilhas" que as atividades podem preparar. A primeira delas seria a preocupação excessiva com a esportivização das atividades, da extrema importância conferida ao recorde, deixando de lado outros significados das atividades. A segunda contribuição seria no aprofundamento dos problemas históricos e conceituais sobre as relações do homem e do convívio com a natureza, analisando o que seria mais significativo sobre as práticas de atividades de aventura e o impacto ambiental, e propondo novos caminhos por meio de estudos qualitativos.

De qualquer forma, deveríamos propor ações emergenciais e Mediadas, em longo prazo, que deveriam compor nosso esforço, como assevera Bornheim (2001), sobre a temática ambiental para a sociedade contemporânea:

> Apesar de os conflitos serem urgentes, calamitosos, catastróficos, apesar dessa urgência, há necessidade de buscar saber qual é o espaço que sobra entre essa urgência e as dimensões possíveis que permitem entender essa urgência. Todas as dimensões (e são dimensões biológicas, dimensões antropológicas, históricas, geográficas, filosóficas), todas essa dimensões, de fato, têm de ser examinadas, estudadas, para que se possa esclarecer melhor a própria necessidade da urgência. Então, é a partir do entendimento da necessidade da urgência que eu me permito, aqui, fazer essas ponderações muito abstratas, talvez muito teóricas, em relação ao problema do meio ambiente, respeitando, no entanto, a urgência porque não se pode nunca chegar tarde demais (p. 4).

No que concerne a esfera organizacional e política, são raras as propostas ambientais dos partidos políticos (ALMEIDA, 2001), e mais rara ainda a relação percebida nessa esfera entre a Atividade Física e o meio ambiente. Essas questões levam à criação de parques ou à reestruturação dos locais para receber o "turismo ecológico", mas sem o aprofundamento dessas necessidades.

Outra proposta seria fomentar a organização de fóruns de debate entre a comunidade, o meio acadêmico e o poder público, tanto de Itapetininga como da região, possibilitando o surgimento de vínculos e parcerias entre as cidades circunvizinhas para a criação de uma infraestrutura turística e ambiental.

No âmbito da Educação Física, seria importante a aproximação do trabalho dos profissionais da área com os pressupostos teóricos abordados neste trabalho. Assim, poderiam ser alavancados estudos sobre as novas modalidades do esporte de aventura. Essas práticas, muitas vezes, se desenvolvem sem critérios e ficam dispersas entre as fases de planejamento, de execução e de avaliação.

No que tange o processo de educação, destacado pelos três entrevistados, defendemos uma educação integradora dos processos de informação e conhecimento. Ou seja, não basta "vender" pacotes prontos nas escolas e visitar os lugares com a chancela da Educação Ambiental ou dos estudos do meio. A proposta pedagógica deve ser ampla, amparada por estudos históricos e sociais da região, das pessoas e de suas relações. Sendo o caminho de mão dupla entre a escola (formal) e o conhecimento tácito (informal) da comunidade.

Concluo este trabalho com mais perguntas do que respostas, e a sensação de que o caminho percorrido pelo homem em sua reaproximação com a natureza é representado simbolicamente com atividades que se distinguem das da vida cotidiana, muitas vezes com traços da modernidade, em uma sociedade de consumo e de serviços na estabelecida pós-modernidade. Representando essa consideração, segue o seguinte esquema:

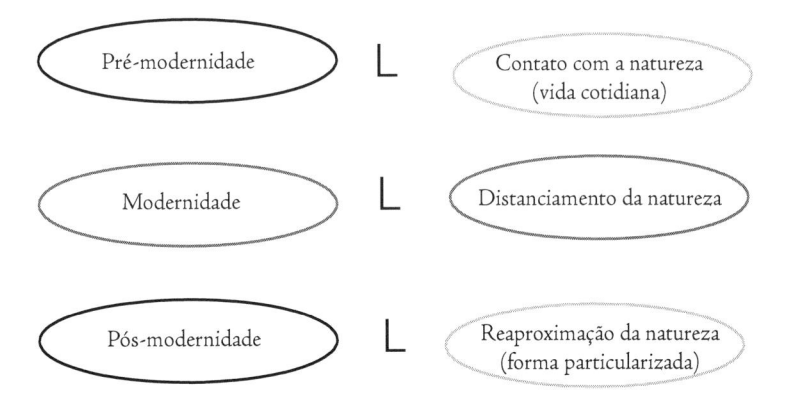

- Pré-modernidade └ Contato com a natureza (vida cotidiana)
- Modernidade └ Distanciamento da natureza
- Pós-modernidade └ Reaproximação da natureza (forma particularizada)

Referências bibliográficas

AGUIAR, C.M. *Educação, natureza e cultura*: Um Modo de Ensinar. São Paulo: Universidade de São Paulo, 1998. (Tese de Doutorado em Educação)

_____. *Educação, cultura e criança*. Campinas: Papirus, 1994.

ALBUQUERQUE, L.M.B. Ciência, Ciências. As representações na Educação Física. *Motriz*, v.4, n. 2, p. 71-84, 1998.

ALBUQUERQUE, L.M.B. Comunidade e Sociedade: conceito e utopia. *Raízes*, n.20, p. 50-3, 1999.

_____. A Ressignificação da Natureza – Coisas da História e da Cultura *Educação: Teoria e Prática*, v. 9, n. 16, p. 1-9, 2001. (CD-Rom arquivo: tr32.pdf).

ALMEIDA, E.S. As Propostas Ambientais dos Partidos Políticos para a Cidade de São Paulo – Eleições Municipais 2000. *Educação: Teoria e Prática*, v. 9, n. 16, p. 1-16, 2001. (CD-Rom arquivo: tr64.pdf).

ALVES-MAZZOTTI, A. J.; GEWANDSZNAJDER, F. *O método nas Ciências Naturais e Sociais:* Pesquisa Quantitativa e Qualitativa. 2. ed. São Paulo: Pioneira, 1998.

AMARAL, S.C.F. Poder Local, Meio Ambiente e Lazer: Possibilidades desta Relação em Porto Alegre. *Conexões*, v.3, p. 49-57, 1999.

ARRUDA, R. S. V. "Populações Tradicionais" e a Proteção dos Recursos Naturais em Unidades de conservação. In: DIEGUES, A. C. *Etnoconservação*: novos rumos para a conservação da natureza. São Paulo: Hucitec, 2000.

BERGER, P.L.; BERGER, B. Socialização: Como ser um Membro da Sociedade. In: FORACCH, M., MARTINS, J.S. *Sociologia e sociedade*. Rio de Janeiro: Livros Técnicos e Científicos, 1978.

BERGER, P.L.; LUCKMANN. *A construção social da realidade*. Rio de Janeiro: Editora Vozes, 1985.

BETRÁN, J.O. Las Actividades Físicas de Aventura en la Naturaleza: Análise Sociocultural. Madri: *APUNTS*, v. 41, p. 5-8, 1995.

BETRÁN, J.O.; BETRÁN A.O. La Crisis de la Modernidad y el Advenimento de la Posmodernidad: El Deporte y las Prácticas Físicas Alternativas en el Tiempo de Ocio Activo. Madri: *APUNTS*, v. 41, p. 10-29, 1995.

BETTI, M. Perspectivas na Formação Profissional. In: MOREIRA, W. (org). *Educação Física e Esportes*: Perspectivas para o Século XXI. 3. ed. Campinas: Papirus, 1999.

_____. *Educação Física e Sociedade*. São Paulo: Movimento, 1991.

BOGDAN, R.; BIKLEN, S. *Investigação Qualitativa em Educação*: Uma introdução à teoria e aos métodos. Portugal: Porto, 1994.

BORNHEIM, G. A Temática Ambiental na Sociedade Contemporânea. *Educação: Teoria e Prática*, v. 9, n. 16, p. 1-9, 2001.

BRACHT, V. Esporte-Estado-Sociedade. *Revista Brasileira de Ciências do Esporte*, v. 10, n. 2, p. 69-73, 1989.

BRAMANTE, A. C. Estamos Vivendo uma Civilização do Lazer? *Revista Brasileira de Ciência do Movimento*, v. 4, p. 91-4, 1990.

_____. Qualidade no Gerenciamento do Lazer. In: BRUHNS, H.T. (Org.). *Introdução aos Estudos do Lazer*. Campinas: Editora Unicamp, 1997.

_____. Lazer: Concepções e Significados. *Licere*: v.1, n.1, p. 917, 1998.

BRANDÃO, C.R. *O que é educação*. São Paulo: Brasiliense, 1987.

_____. *Educação popular*. São Paulo: Brasiliense, 1989.

BRANDON, K. Etapas Básicas para Incentivar a Participação Local em Projetos de Turismo e Natureza. In: LINDBERG, K. & HAWKINS, D.E. *Ecoturismo*: Um guia para planejamento e gestão. São Paulo: SENAC, 1999.

BRITO, M.C.W. Unidades de conservação e Ecoturismo: Parceria de Sucesso? *Debates Socioambientais*, ano III, n. 9, p. 2-4, 1998.

BRUHNS, H.T. Lazer e Meio Ambiente: Corpos Buscando o Verde e a Aventura. *Revista Brasileira de Ciências do Esporte*, v. 18, n. 2, 8691, 1997.

BRUHNS, H.T. Lazer e meio Ambiente: A Natureza com espaço da Experiência. *Conexões*, v. 3, p. 7-26, 1999.

_____. Esporte e Natureza: A Experiência Sensível. *Motriz*, suplemento v.7, n. 1, S93-S98, 2001.

CAILLOIS, R. *Os jogos e os homens*. Lisboa: Editora Cotovia, 1990.

CAMARGO, L.O L. *Educação para o lazer*. São Paulo: Moderna: 1998.

_____. Política de Lazer. In: *Estudos do lazer*. São Paulo: Sesc, 1992.

_____. Lazer: Concepções e Significados. *Licere*: v. 1, n. 1, p. 2.836, 1998.

CAMPBELL, L. M. Ecoturism in Rural Developing Communities. *Annals of Tourism Research*, v. 26, n. 3, p. 534-53, 1999.

CÂNDIDO, A. *Os parceiros do Rio Bonito*. 9. ed. São Paulo: Duas Cidades, 2001.

CARVALHO, L.C., et al. *Avaliando a Educação Ambiental no Brasil*: Materiais impressos. São Paulo: Gaia, 1996.

CASTRO, E. Território, Biodiversidade e Saberes de populações Tradicionais. In: *Etnoconservação*: novos rumos para a conservação da natureza. São Paulo: Hucitec, 2000.

CHAO, C.H.N. Desenvolvimento Humano no Contato com a Natureza. *Conexões*, v. 3, p. 42-8, 1999.

COLCHESTER, M. Resgatando a Natureza: comunidades Tradicionais e Áreas Protegidas. In: DIEGUES, A. C. *Etnoconservação*: novos rumos para a conservação da natureza. São Paulo: Hucitec, 2000.

DA COSTA, L.P. As Ecologias da Educação Física e do Esporte no Futuro. IN: MOREIRA, W. (Org.). *Educação Física e Esportes: Perspectivas para o Século XXI*. 3. ed. Campinas: Papirus, 1999.

DAUE, P. J. Ecoturismo como Alternativa de Desenvolvimento. *Debates Socioambientais*, ano III, n. 9, p. 4-5, 1998.

DE MASI, D. Domenico De Masi e a importância do Tempo Livre. *Revista SESC*, São Paulo, p. 1-8, 1999.

DIEGUES, A. C. A questão Sociocultural nas Áreas Naturais

Protegidas: Os conflitos sociais gerados pelo modelo tradicional de conservação. *Debates Socioambientais*, ano III, n. 9, 6-8, 1998.

_____. Etnoconservação da Natureza: Enfoques Alternativos. In: *Etnoconservação*: novos rumos para a conservação da natureza. São Paulo: Hucitec, 2000.

DUMAZEDIER, J. *Valores e conteúdos culturais do lazer.* São Paulo: Sesc, 1980.

DURHAM, E.R. A Dinâmica Cultural na Sociedade Moderna. *Ensaio de Opiniões*, v. 4, p. 32-35, 1977.

ELIAS, N. A Civilização como Transformação do Comportamento Humano. In: ELIAS, N. *O Processo civilizador.* Rio de Janeiro: Zahar, 1990.

FERNANDES, F. *Comunidade e sociedade.* São Paulo: Vozes, 1973.

FIGUEIREDO, L. A. V. Paranapiacaba: Turismo e Impactos Sócio ambientais na Serra do Mar. *Debates Socioambientais*, ano III, n. 9, p. 15-17, 1998.

GEERTZ, C. *A interpretação das culturas.* Rio de Janeiro: Guanabara Koogan, 1989.

GONÇALVES, C.W.P. *Os (Des)caminhos do meio ambiente.* São Paulo: Contexto, 1980.

GUIMARÃES, P.C. *Educação ambiental e desenvolvimento sustentável.* São Paulo: Vozes, 2000.

HORKHEIMER, M.; ADORNO, T.W. *Temas básicos da sociologia.* São Paulo: Edusp, 1973.

HOWELL, S. Nature in Culture or Culture in Nature? In: DESCOLA, P., PALSSON, G. (Orgs.). *Nature and Society.*

Londres: London Routledge, 1996.

HUIZINGA, J. *Homo Ludens*. São Paulo: Perspectivas e Estudos, 1951.

INÁCIO, H.L.D. Educação Física e Ecologia: Dois Pontos de Partida par o Debate. *Revista Brasileira de Ciências do Esporte*, v. 18, n. 2, p. 133-36, 1997.

JUCOSKY, S.M. Os Parques e Reservas Nacionais como áreas de Recreação e Lazer. *FESTUR*, v. 3, n. 1, p. 27-30, 1991.

LAFARGUE, P. *Direito a preguiça*. Lisboa: Estampa, 1977.

LADISLAU, C.R. Lazer na Natureza: Um diálogo de Espelhos. *Conexões*, v. 3, p. 27-32, 1999.

LEVI-STRAUSS, C. *Tristes trópicos*. São Paulo: Anhembi Ltda., 1957.

LINDBERG, K.; HAWKINS, D. E. *Ecoturismo*: Um guia para planejamento e gestão. 2. ed. São Paulo: Senac, 1995.

LOVISOLO, H. *Educação Física*: A arte da mediação. Rio de Janeiro: Sprint, 1995.

MAGALHÃES PINTO, L.M.S. Lazer: Concepções e Significados. *Licere*, v. 1, n. 1, p.18-27, 1998.

MAGNANI, J.G.C. *Festa no Pedaço*: Cultura popular e lazer na cidade. 2. ed. São Paulo: Hucitec, 1998.

MARQUES, G.G. O Afogado mais Bonito do Mundo. In: MARQUES, G.G. *A incrível e triste história de Cândida Erêndira e sua avó desalmada*. São Paulo: Record, 1972.

MARCELINO, N.C. *Políticas Públicas Setorias do Lazer*: o papel das prefeituras. Campinas: Autores Associados, 1996.

_____. Lazer: Concepções e Significados. *Licere*, v. 1, n. 1, p. 3.746, 1998.

_____. Subsídios para uma Política de Lazer – O Papel da Administração Municipal. *Revista Brasileira de Ciências do Esporte*, v. 11, n. 3, p. 206-8, 1990.

MAUSS, M. As Técnicas Corporais. In: *Sociologia e antropologia*. São Paulo: EPU, 1974.

MERTON, R.K. Os imperativos Institucionais da Ciência. In: DEUS, J.D. *A crítica da ciência*. Rio de Janeiro: Zahar, 1979.

MORIN, E. *Cultura de massas no século XX*. Rio de Janeiro: Forense, 1977.

NIANYONG, H. ZHUGE, R. Ecotourism in China's Nature Reserves: Opportunities and Challenges. *Journal of Sustainable Tourism*, v. 9, n. 3, p. 228-42, 2001.

NISBET, R.A. Comunidade. In: FORACCH, M.; MARTINS, J.S. *Sociologia e sociedade*. Rio de Janeiro: Livros Técnicos e Científicos, 1978.

NOGUEIRA, O. *Famíla e Comunidade*: Um estudo sociológico de Itapetininga. São Paulo: CBPE, 1962.

NOGUEIRA, P.R.M.C. *Jogos Mundiais da Natureza:* Um estudo das transmissões feitas pela TV do Paraná. Dissertação (Mestrado em Educação Física). Santa Maria: Universidade Federal de Santa Maria, 1998.

PARKER, S. *A sociologia do lazer*. Rio de Janeiro: Zohar, 1978.

PELLEGRINNI FILHO, A. *Ecologia, cultura e turismo*. Campinas: Papirus, 1993.

_____. Interferências Humanas em Bens da Natureza e da Cultura. *Turismo em Análise*, v. 3, n. 1, p. 16-27, 1992.

PICH, S. A. *Significação imaginária de natureza e as práticas corporais dos adolescentes das 7as. e 8as. séries de uma escola de periferia da cidade de Santa Maria*. Dissertação. Santa Maria: Universidade Federal de Santa Maria, 1999. (Dissertação de Mestrado em Educação Física)

PIMBERT, M. P.; PRETTY, J. N. Parques, comunidades e Profissionais: Incluindo "Participação" no Manejo de Áreas Protegidas. In: DIEGUES, A. C. *Etnoconservação*: Novos rumos para a conservação da natureza. São Paulo: Hucitec, 2000.

POCIELLO, C. Os Desafios da leveza: As Práticas Corporais em Mutação. In: SANT'ANNA, D.B. (Org.). *Políticas do corpo*. São Paulo: Estação Liberdade, 1995.

PORTER, R. Historia do Corpo. In: BURKER, P. *A escrita da história*. São Paulo: Editora da Unesp, 1992.

QUEIROZ, M. I. P. *Bairros rurais paulistas*. São Paulo: Livraria Duas Cidades, 1973a.

_____. *O campesinato brasileiro*. São Paulo: Vozes, 1973b.

RIBEIRO, D. *O povo Brasileiro*. São Paulo: Cia. das Letras, 1999.

RODRIGUES, J.C. *Tabu do corpo*. Rio de Janeiro: Achiame, 1980.

ROUÉ, M. Novas perspectivas em Etnoecologia: "Saberes Tradicionais" e gestão dos Recursos Naturais. In: DIEGUES, A. C. *Etnoconservação*: novos rumos para a conservação da natureza. São Paulo: Hucitec, 2000.

RUBIO, K. Aspectos do Mito do Herói na Constituição do Imaginário Esportivo Contemporâneo. In: VOTRE, S. et. al. (Org.). *Imaginário e representações sociais em Educação Física, Esporte e Lazer*. Rio de Janeiro:Garafilho, 2001.

RUSCHMANN, D. *Turismo e planejamento sustentável*. Campinas: Papirus, 1999.

SAVIANI, D. *Ensino público e algumas falas sobre universidade*. São Paulo: Cortez, 1991.

SANTOS, M. Lazer Popular e Geração de empregos. In: *Lazer numa sociedade globalizada*. São Paulo: Sesc, 2000.

SÃO PAULO (Estado). Secretaria do Meio Ambiente. Coordenadoria de Educação Ambiental. Universidade Estadual de Campinas. Núcleo de Estudos e Pesquisas Ambientais, 1997.

SEVCENKO, N. *A Corrida para o século XXI*: No loop da montanha-russa. São Paulo: Cia. das Letras, 2001.

SEVERINO, A. J. *Metodologia do trabalho científico*. 21. ed. São Paulo: Cortez, 2000.

SERRANO, C. A Educação pelas Pedras. *Motriz*, suplemento, v. 7, n. 1, s1015, 2001.

SILVA, A. M. A dominação da natureza: O Intento do Ser Humano. *Revista Brasileira de Ciências do Esporte*, v. 18, n. 2, p. 119-125, 1997.

SOARES, C.M. *Educação Física*: raízes europeias e Brasil. Campinas: Autores Associados, 1994.

STOKOSWKI, P. O Dilema das Comunidades. In: *Lazer*: numa sociedade globalizada. São Paulo: Sesc/WLRA, 2000.

TUBINO, M.J.G. e COSTA, V.L.M. A Aventura e o Risco na Prática de Esportes Vinculados à Natureza. *Motus Corporis*, v. 6, n. 2, p. 96-112, 1999.

TUBINO, M.J.G. Uma visão paradigmática das perspectivas do esporte para o início do século XXI. IN: MOREIRA, W. (Org.). *Educação Física e Esportes*: perspectivas para o século XXI. 3. ed. Campinas: Papirus, 1999.

URRY, J. *O olhar do turista*: lazer e viagens nas sociedades contemporâneas. São Paulo: Studio Nobel: Sesc, 1996.

WESTER, D. Definindo Ecoturismo. In: LINDBERG, K.; HAWKINS, D.E. *Ecoturismo*: um guia para planejamento e gestão. São Paulo: Senac, 1999.

Bibliografias consultadas

O NATURAL (filme-vídeo). Direção de Gabriel Prioli e Eduardo Ramos. São Paulo: PUC/SP, Folha de São Paulo, SESC, 1998, VHS, V.O. português.

O POVO BRASILEIRO (filme-vídeo). Direção de Isa Grinspum Ferraz. São Paulo: THRIVE, 2002, VHS, V.O. português.

MANN, P. H. *Métodos de investigação sociológica*. 3. ed. Rio de Janeiro: Zahar, 1975.